AF383345

„Die *Tänze des Universellen Friedens* in der Sozialen Arbeit"

„Unterstützungsmöglichkeit auch bei Traumatisierung?"

BACHELORARBEIT

AN DER

OSTBAYERISCHEN TECHNISCHEN HOCHSCHULE REGENSBURG, FAKULTÄT
ANGEWANDTE SOZIAL- UND GESUNDHEITSWISSENSCHAFTEN

AUFGABENSTELLERIN: Prof. Dipl.Rhythm., Dipl.Musiklehrerin RENATE KÜHNEL

VORGELEGT VON DER STUDIERENDEN

JANA HORNUNG

Regensburg, den 19.10.2015

Bibliografische Information der Deutschen Nationalbibliothek:
Die Deutsche Nationalbibliothek verzeichnet diese Publikation in der Deutschen Nationalbibliografie; detaillierte bibliografische Daten sind im Internet über http://dnb.dnb.de abrufbar.

© 2015 Jana Hornung
Buchsatz / Layout: Jana Hornung
Fotos: zum Teil öffentlich
Abb 6 auf Seite 45 by Mansur Johnson © 2016 All Right Reserved.
Abb 7 auf Seite 71 © Michaela Huber
Tabelle 1 auf Seite 81 © Patros Verlag der Schwabenverlag AG, Ostfildern, 6. Auflage 2016
4. Auflage
Herstellung und Verlag: BoD - Books on Demand, Nordersted, 2018
ISBN: 978-3-7431-0968-1

Kontakt und weitere Informationen:
www.kreistaenze-regensburg.de

Ich widme dieses Buch und meine Bachelorarbeit

Samuel L. Lewis

Inhaltsverzeichnis

Vorwort

Die *Tänze des Universellen Friedens*[1] sind, seit ich denken kann, Teil meines Lebens. Schon als Kind gehörte ich zu einer der Ersten, die in Deutschland mit den *Tänzen* in Berührung kam, da Karin Vorholzer, die erste Sekretärin von Rahmana Dziubany, mit ihrem Mann Familienzeltlager organisierte, auf denen auch meine Familie war. Neben anderen Aktivitäten wurden dort auch die *Tänze des Universellen Friedens* getanzt. Im Alter von 11 Jahren war ich das erste Mal mit meinem Vater und meinen beiden Brüdern auf dem Familien-Tanzcamp, das vom NdL (Netzwerk deutschsprachiger Länder, s. 2.2 Entstehung und Verbreitung > Die Tänze im deutschsprachigen Raum) ausgerichtet wurde. Dies wurde zu einem jährlichen Ritual, wodurch ich die *Tänze* immer intensiver erleben konnte.

2011 ging ich nach Regensburg, um Musik- und bewegungsorientierte Soziale Arbeit zu studieren. Durch die Erfahrung und das Lernen darüber, inwiefern Musik und Bewegung als Methode in der Sozialen Arbeit eingesetzt werden können, als auch aufgrund meiner Erfahrungen und meines Wissens über die *Tänze des Universellen Friedens*, wurde es für mich immer deutlicher, welches Potential die *Tänze* in sich tragen.

Dies zeigte sich auch in unterschiedlichen Praxiseinheiten, die wir während des Studiums, durch Kooperation mit unterschiedlichen Einrichtungen, leiten durften. Im 3. Semester fand eine Praxisgruppe mit Musik- und Bewegungsstunden einmal in der Woche im Unikindergarten statt. Im 5. Semester gab es ein Seminar, bei dem wir im

---

[1] Im Laufe der vorliegenden Arbeit wird u.a. auch einfach von den Tänzen die Reden sein. Ist das Wort kursiv geschrieben, sind damit die Tänze des Universellen Friedens gemeint.

Johannes-Heinrich-Wichern-Haus, einer sozialtherapeutische Einrichtung, mit einer Gruppe von Menschen tanzten. Die Kooperation mit der Lebenshilfe Regensburg ermöglicht es Menschen aus der Lebenshilfe einmal wöchentlich an die OTH Regensburg zu kommen und an Musik- und Bewegungsstunden teilzunehmen. Bei all diesen Gelegenheiten war es mir möglich, die *Tänze* mit einzubauen, wodurch ich selbst immer wieder erleben durfte, was sie bewirken.

Im Laufe meines Studiums wurde mir bewusst, dass ich später als Sozialpädagogin die *Tänze* und deren Potential in meiner Arbeit nutzen möchte. Schon immer war es für mich schwer, genau zu benennen oder zu beschreiben, was beim Tanzen passiert und warum ich der Meinung bin, dass sich die *Tänze des Universellen Friedens* zur Anwendung in der Sozialen Arbeit eignen. Diesen Fragen nachzugehen und sich intensiv mit den *Tänzen,* auch theoretisch, zu beschäftigen, bot sich gut für meine Bachelorarbeit an. Ziel war es auch, fachlich unterstützt, eine theoretische Grundlage für meine spätere Arbeit zu schaffen.

Mein Dank gilt meinen Interviewpartnerinnen, die mir durch ihre Aussagen häufig vollkommen neue Gesichtspunkte aufzeigten und damit nicht nur eine sehr große Hilfe bei der vorliegenden Arbeit waren, sondern ebenso meinen Horizont erweitert haben.

1 Einleitung

Die Welt, und vor allem die Gesellschaft, verändert sich. Durch die zunehmende Globalisierung und die Individualisierung der Gesellschaft wird der Mensch mehr und mehr zum „Einzelkämpfer". Wolfgang Bossinger[2] formuliert es folgendermaßen:

> *„Soziale Bindungen und achtsame Beziehungen zwischen den Menschen gehen mehr und mehr verloren. Die Geborgenheit in sicheren sozialen Verhältnissen nimmt ab, und in der Atomisierung der Gesellschaft entstehen neue Leiden, Krankheiten des sozialen Bindegewebes."* (Bossinger W. & Eckle R., 2008, S.8)

Dies ist der Grund, warum neue Wege gegangen werden müssen, wenn es um Heilung geht. Die klassische Medizin stößt zunehmend an ihre Grenzen.

Sie nimmt den menschlichen Körper in der Regel statisch strukturiert wahr, also als Summe seiner Einzelteile (Gliedmaßen, Knochen, Muskeln, Organe etc.). Die moderne Physik hingegen sieht Materie, also auch den menschlichen Körper dissipativ; als ein elektromagnetisches Feld, *„welches sich aus der Vielzahl unterschiedlicher Schwingungsmuster zusammensetzt"*. (Kapteina H. & Zhang C.-L., 2008, S.138)

In der vorliegenden Arbeit soll der Frage nachgegangen werden, ob die *Tänze des Universellen Friedens* in der Sozialen Arbeit genutzt werden können und falls ja, durch welche Methodik und Effekte.

---

2 Wolfgang Bossinger: *1960, u.a. Psychotherapeut, Musiktherapeut, Musiker, Komponist und Gesangforscher, arbeitet u.a. mit den *Tänzen des Universellen Friedens*.

Dazu werden die *Tänze des Universellen Friedens* gemeinsam mit ihrem Urheber vorgestellt und deren Verbreitung aufgezeigt. Durch ein Praxisbeispiel wird dargestellt, wie die *Tänze* schon seit vielen Jahren im sozialpädagogischen Kontext eingesetzt werden. Um der Frage nach Möglichkeiten in Bezug auf Traumata nachgehen zu können, wird im weiteren Verlauf das Phänomen Trauma dargestellt, um anschließend auf den Kern der Arbeit zu kommen. Hierfür werden die *Tänze* in ihre Einzelbausteine (Bewegung und Musik) zerlegt und jeweils hinsichtlich ihres potentiellen Nutzen analysiert – sowohl allgemein als auch im Rahmen der Sozialen Arbeit sowie in Bezug auf Trauma. Abschließend werden die Möglichkeiten, die die *Tänze des Universellen Friedens* bieten, anhand dieser drei Bereiche dargestellt. Zusätzlich soll aufgezeigt werden, welche Potentiale Musik, Gesang, Tanz und Bewegung als alternative (Heilungs-)Wege in sich tragen und wodurch sie zur Geltung gebracht werden können.

Informationsgewinnung – Qualitative Interviews

Zur Informationsgewinnung über die *Tänze des Universellen Frieden* wurden qualitative Interviews mit offenen Fragen geführt. Bei den Befragten handelt es sich um Personen (alle weiblich) die selbst Erfahrungen mit den *Tänzen* gemacht haben, sowohl als Tanzende, als auch als Leitende. Zum Teil haben die Befragten die *Tänze* und deren Verbreitung im deutschsprachigen Raum von Beginn an mitbekommen bzw. für deren Verbreitung gesorgt.

Der Fragenkatalog ist in mehrere Abschnitte gegliedert. Ein Teil besteht aus „Fakten", also wie die *Tänze* kennengelernt wurden, wie die Person die *Tänze* beschreiben würde, seit wann die Person diese Art von Tänzen macht usw. Im weiteren Teil werden emotionale Faktoren abgefragt, also was die Menschen beim Tanzen empfinden, was sie motiviert, ob die *Tänze* Einfluss auf ihr Leben haben usw. Speziell an Tanzleiterinnen wurden weitere Fragen zum Lehren und Lernen der *Tänze* gestellt und inwiefern die Personen Erfahrung haben im Bezug auf den Einsatz der *Tänze* bei der Arbeit mit traumatisierten Personen.

Die Interviews wurden alle, mit Ausnahme von einem, im persönlichen Gespräch geführt. Dabei hörten die Interviewpartnerinnen die Fragen während des Gesprächs zum ersten Mal, sie konnten ihre Antworten daher nicht in irgendeiner Weise vorbereiten. Bei dem Gespräch wurde darauf geachtet, dass es sich um einen flüssigen Austausch handelte, bei dem von beiden Seiten jeder Zeit Rückfragen möglich waren. Im Anschluss wurden ggf. noch übrige Fragen geklärt.

Die gewonnen Informationen werden vor allem in den Punkten 2., 2.2., 3. und 5.3 Verwendung finden.

2 Die *Tänze des Universellen Friedens*

Abbildung 1:
Geschütztes Logo der *Tänze des Universellen Friedens*, ein Kreis aus ineinander verschlungenen Herzen.

Die *Tänze des Universellen Friedens* sind mittlerweile zu einer weltweiten Tanzbewegung geworden, die durch die Inspiration von Samuel L. Lewis (siehe hierzu 2.1) in den 60er Jahren des 20. Jahrhunderts in Nordamerika entstanden ist. (Dziubany, 2014, S.1f.)

Die *Tänze des Universellen Friedens* beinhalten eine Sammlung von Gesängen, Tänzen und Gebeten aus den unterschiedlichsten Religionen und Traditionen der ganzen Welt, sowie Gehübungen mit verschiedenen Schwerpunkten. Es werden gemeinsam einfache Melodien und Mantren gesungen und dazu mit leicht erlernbaren Bewegungen im Kreis getanzt. (NdL e.V.; Müller Schweizer, 2014, S.1; Jablonski, 1995, S.17)

Für Menschen, die nicht vertraut sind mit dieser Art des Tanzens, können die *Tänze* im ersten Moment befremdlich oder wie „Ringelpietz mit Anfassen" wirken. (Auf der Maur, 2014, S.1; Onnen, 2014, S.10) Dies liegt unter anderem daran, dass beim Tanzen und Singen zu Mantren eine starke Energie erzeugt wird, die nicht wirklich greifbar scheint und daher zunächst komisch bis überfordernd sein kann. (Auf der Maur, 2014, S.1) Allerdings hat jeder Tanz seine eigene Energie, bzw. sein eigenes Energiespektrum und kann je nach Situation sehr unterschiedlich wirken. (Sieglin, 2014, S.5)

Hier zeigt sich, dass die *Tänze des Universellen Friedens* selbst erlebt werden müssen, um nachvollzogen werden zu können.

Samuel L. Lewis hat verschiedene Namen verwendet, wenn er über die *Tänze* gesprochen hat. Er verwendete zu Beginn u.a. Begriffe wie Dervish Tanz, Mantratanz, Engelstanz oder auch Mystischer Tanz. (Douglas-Klotz, 1999, S.60; Douglas-Klotz, 1995, S.9) Da diese Namen nur einen Aspekt der *Tänze* benennen, hat sich der Name *Tänze des Universellen Friedens* nach seinem Tod durchgesetzt und wurde bzw. wird heute noch von seinen Schüler_innen als Überbegriff verwendet.

Tänze des Universellen Friedens – eine Erläuterung des Namens:

Die Erläuterung im Duden des Begriffs universell, *„alle Bereiche umfassend, allgemein"* (Duden > universell), ist auch in diesem Zusammenhang zu verstehen. Sei es allein in Hinsicht darauf, dass die *Tänze* unterschiedlichsten Traditionen und Religionen entstammen und hierbei keine ausgeschlossen wird. Man könnte auch von universell im Sinne von interkulturell, also *„verschiedene Kulturen umfassend"* (Duden > interkulturell) und interreligiös sprechen. (Dziubany, 2014, S.11) Ebenso ist der Begriff universell hinsichtlich des Friedens zu sehen. Rahmana Dziubany[3] , eine Tanzleiterin, sagt diesbezüglich, dass es sich bei den *Tänzen* um Friedensarbeit handelt *„oder [um] eine Arbeit, bei der Frieden durch Kunst auf die Erde gebracht wird"*. (Dziubany, 2014, S.1) Die *Tänze* können sowohl innerlich als auch

---

3 Rahmana Dziubany: *1961, Tanzleiterin der Tänze des Universellen Friedens, seit 1985 mit den Tänzen vertraut und eine der Hauptbeitragende bei der Verbreitung der Tänze im deutschsprachigen Raum. Eine meiner Interviewpartnerinnen. http://rahmana.de/, www.bwberlin-brandenburg.de, www.haus-ananda-brandenburg.de Im Folgenden mit der Kurzform: Rahmana.

äußerlich Frieden stiften. Dabei ist für Samuel L. Lewis der innere Frieden der entscheidende:

> *„Inner: That is the real Peace. Works are not peace. Thoughts are not peace. Plans are not peace. Programs are not peace. Peace is fundamental. It is easy to prove it in the sciences, and the real Masters who are here are teaching it. It is hard to appreciate, hard to experience, hard to realize. (…) The difference between this Logos-Peace and what we generally call „Peace" is that the latter is a vacuum, a zero, a nothing, a blank, a negative to the extreme. The Logos-Peace is fullness, is all-inclusive, is brotherhood."* [sic.] (Lewis, 2013a, S.319, vom 22. März 1965)

Sowohl Alima[4] also auch Gita Sophia Onnen[5] , langjährige Tanzleiterinnen, beschreiben sehr gut, dass es möglich ist, durch die Tänze nach innen zu sich selbst zu kommen, wodurch ein Frieden bzw. ein Raum des Friedens entsteht, welchen man dann wiederum nach außen tragen kann. Nur wenn ein Mensch in sich selbst Frieden trägt, kann diese Person ihn auch in die Welt tragen. Gita geht noch einen Schritt weiter und sagt: *„Also es ist ja so, ich kann die Welt nicht verändern, aber mich kann ich verändern, das ist die gute Botschaft"*.

---

4 Alima: *1961, Dipl.-Biologin, Tiefenökologin, Heilpraktikerin für Psychotherapie, Tanzleiterin und Ausbilderin der Tänze des Universellen Friedens, Vertreterin für den NdL e.V. im internationalen Netzwerk, spirituelle Begleiterin und Sheika auf dem Sufi-Weg. Eine meiner Interviewpartnerinnen.

5 Gita Sophia Onnen: *1941, Gestalttherapeutin, Tanzleiterin und Ausbilderin 5 der Tänze des Universellen Friedens, seit ca. 1989 mit den Tänzen des Universellen Friedens vertraut. Hat Schriften von Neil-Douglas-Klotz (Saadi) ins Deutsche übersetzt. Eine meiner Interviewpartnerinnen. http://www.gitaonnen.de/ Im Folgenden in der Kurzform: Gita.

(Onnen, 2014, S.8) Solange jede_r Einzelne für sich herausfindet, auf welche Art und Weise er oder sie sowohl in sich selbst als auch in den Beziehungen zu anderen Menschen Frieden schaffen kann, ist es möglich, immer mehr Frieden in der Welt zu verbreiten. Es kann ein völlig anderes Miteinander entstehen, wenn man in Kontakt mit sich selbst und der eigenen Seele ist. (Alima, 2014, S.4; Onnen, 2014, S.8)

Maria Müller Schweizer[6] erklärt dies sehr anschaulich:

> *„durch die Ausrichtung auf z.B. Frieden in verschiedenen Sprachen: Friede sei mit Dir, Mir miru Mir, As-saalam Aleikum, Shalom aleichem, Mir bio stobom usw. beruhigt sich unser Nervensystem. Friede kann auf der körperlichen Ebene nach und nach erlebt werden". (Müller Schweizer, 2014, S.1)*

Durch das Singen von Worten aus den unterschiedlichen Religionen und Traditionen, ebenso wie durch das in-Kontakt-gehen mit sehr unterschiedlichen Menschen, lehren die *Tänze* auch Toleranz und Respekt und schaffen damit eine Verbindung. (Alima, 2014, S.5; Auf der Maur, 2014, S.5) Gleichwohl wird der Mensch eingeladen, seinen Horizont zu erweitern und sich für Neues und Unbekanntes zu öffnen. (Auf der Maur, 2014, S.4)

---

6 Maria Müller Schweizer: *1961; Suxulogin und Traumatherapeutin; seit 1989 begleiten sie die Tänze des Universellen Friedens; u.a. durch sie entstand die Tanzarbeit in Bosnien-Herzegowina; eine meiner Interviewpartnerinnen.

Mehr Toleranz und das Zulassen von Unterschieden kann ein Weg zu mehr Frieden sein. Allerdings ist es Alima sehr wichtig, darauf hinzuweisen, dass die Friedensarbeit der *Tänze* nicht unbedingt eine vermittelnde Rolle zwischen den Religionen einnehmen sollte und dies auch gar nicht kann. (Alima, 2014, S.7) Es geht mehr darum, zwischen einzelnen Menschen Verbindungen zu schaffen, wirkliche Begegnung zu ermöglichen: *„von Hand zu Hand, von Herz zu Herz"* (Alima, 2014, S.3) und somit den inneren und äußeren Frieden zu vermehren.

Samuel L. Lewis hat dazu selbst gesagt:

> *„Meine Arbeit auf den unterschiedlichen Ebenen schließt das Führen mit ein, - und ich meine F ü h r e n , - Menschen dazu anleiten, über die Unterschiede und Meinungsverschiedenheiten hinauszugehen, welche Menschen trennen…"* *(NdL-Publications, 1998, S.84, zit. aus Tagebüchern, hier vom 11.02.1970[7])*

---

[7] Die original Tagebücher und unveröffentlichte Schriften von Samuel L. Lewis befinden sich in der Khankah S.A.M. in San Francisco. Die Khankah ist ein Teil der Sufi Ruhaniat International und trägt und hütet das Erbe von Samuel L. Lewis.

Rafia Sieglin[8] , eine weitere Tanzleiterin, nennt noch einen anderen Aspekt. Für sie ist der Klang entscheidend:

> *„Ich habe einfach erfahren, dass durch das gemeinsame Singen heiliger Worte Menschen in einen (...) tieferen Frieden kommen. Und dass die Menschen auch viel achtsamer miteinander umgehen". (Sieglin, 2014, S.5f.)*

Adamek[9] bringt es abschließend sehr gut auf den Punkt:

> *„Singen in Gemeinschaft kann als erfahrbare Einheit im Menschsein jenseits von Glauben, Weltanschauung und kultureller Zugehörigkeit erlebt werden und somit transreligiöse Erfahrungen des spirituellen Seins ermöglichen, die alle Menschen vom Kern her verbindet". (Adamek, 2008, S.183f.)*

---

[8] Rafia Sieglin: *1955 , Ausbildung im kreativen Tanz, seit 1995 mit den Tänzen und inzwischen Tanzleiterin und Ausbilderin der Tänze des Universellen Friedens. Hat selbst heilende Erfahrungen mit den Tänzen, da sich durch das viele Singen bei ihr viele Blockaden im Hals-Kehl-Bereich gelöst haben (Sieglin, 2014, S.5) Eine meiner Interviewpartnerinnen. Im Folgenden in der Kurzform: Rafia.

[9] Dr. Karl Adamek: freiberuflicher Singforscher, Autor, Liedermacher, Kursleiter und Sozialkünstler. Studierte Soziologie, Psychologie, Pädagogik und Musik. Brachte vor 25 Jahren erstmals Beweise, dass Singen gesund und glücklich macht und leitet bis heute Weiterbildungen zur Heilkraft des Singens. Außerdem ist er Initiator und ehrenamtlicher Leiter von Il canto del mondo e.V., eines Internationalen Netzwerkes zur Förderung der Alltagskultur des Singens. (http://www.karladamek.de/)

Auch Samuel L. Lewis sagt diesbezüglich sehr eindrucksvoll:

„Musik ist die einzige universelle Sprache, sie war es immer und wird es immer sein. Während viele versuchen, andere zu bekehren, während manche Menschen eine künstliche Sprache zu lernen versuchen, während oft die SchülerInnen in unterschiedlichen Sprachen unterwiesen werden, hört heutzutage die ganze Welt in irgendeiner Weise die Musik anderer Rassen, anderer Völker, anderer Zivilisationen und die Menschen hören nicht nur zu, sondern wertschätzen sie oftmals. Musikinstrumente, Radios und Plattenspieler werden mehr dazu beitragen, Völker zu vereinen als eine aufgezwungene Schulung der jeweils anderen Sprache, wo Worte und Gedanken ins Hirn geschüttet werden, jedoch kein Gefühl das Herz erreicht". [sic.] (Lewis, o.J., S.37)

Gemeinschaft

Da die Lieder aus den unterschiedlichsten Teilen der Welt stammen, wird auch in unterschiedlichen Sprachen gesungen. Es braucht dennoch keinerlei Vorerfahrung, um teilnehmen zu können, da sowohl die Bewegungen als auch die Lieder vor jedem Tanz gemeinsam gelernt werden. Dabei spielt es keine Rolle , wie erfahren die Tanzenden sind. (Dziubany, 2014, S.1)

Es sind auch keine anderen Voraussetzungen notwendig, um teilnehmen zu können. Es handelt sich also um eine offene Form, bei der jede Person *„eingebunden werden kann, egal welcher Nation, egal welchen Alters, egal welche Grundvoraussetzungen".* (Dziubany, 2014, S.2) So finden sich unter den Tanzenden, Menschen, die den unterschiedlichsten Religionen (Christentum, Islam, Naturtraditionen, Buddhismus etc.) zugehörig oder auch konfessionslos sind. Dies wird besonders deutlich in der Aussage von Samuel L. Lewis:

> *„Es gibt nichts, was wir aufgeben müssen. Wir protestieren nicht gegen akzeptierte, allgemein übliche Formen. Wir wollen alles einsetzen, was wir können, auf den Pfaden, die zur Gottverwirklichung führen".* (Lewis, 1995, S.23)

Diese Aussage macht deutlich, dass es vollkommen unwichtig ist, woher die Tanzenden kommen oder was sie mitbringen. Jeder ist willkommen und alle Traditionen und Religionen sollen integriert werden.

Unterhaltung versus Heiligtum

Saadi Neil Douglas-Klotz[10] sagt über die *Tänze,* dass sie sowohl Volkskunst als auch spirituelle Praxis sind. Somit verkörpern sie Unterhaltung und Freude genauso wie ein heiliges Erbe. (Douglas-Klotz, 1999, S.59)

Er sieht die *Tänze des Universellen Friedens*, ebenso wie Rahmana Dziubany, im Unterschied zu anderen Tanzformen nicht als eine körperliche Ertüchtigung oder eine Darstellung im Sinne von Unterhaltung. Stattdessen geht es ihrer Meinung nach um Tanz als Medizin, sowohl innerlich, als auch äußerlich. (Dziubany, 2014, S.1; NdL e.V. > Flyer Tänze des Universellen Friedens) Dass es bei den *Tänzen* nicht vorrangig um eine Darstellung geht, wird durch das Fehlen der Zuschauer deutlich. Wer dabei ist, macht mit, egal in welcher Form – sei es nun tanzend, musizierend oder leitend. Es kann schon einmal vorkommen, dass sich jemand an den Rand oder die Mitte setzt, aber in der Regel ist der- oder diejenige dann zumindest emotional beteiligt und erlebt mit.

Samuel L. Lewis schreibt hierzu in seinen Tagebüchern:

> *„Einer der Gründe, warum ich diese Musik und diese Tänze lehre, ist der, mehr Freude zu erzeugen, - nicht Ehrfurcht einer anderen Person gegenüber, sondern Seligkeit im eigenen Selbst. Dies heißt, Gott in sich selbst finden – durch Erfahrung…“ (Lewis, 1998, S.57, vom 14.12.1969)*

---

10 Saadi Shakur Chisti: Dr. Neil Douglas-Klotz aus Schottland, * 1951, ein weltweit anerkannter Gelehrter religiöser Studien, Spiritualität und Psychologie, spiritueller Lehrer im Ruhaniat Sufi-Orden, Tanzleiter, Autor und Mitbegründer des Internationalen Netzwerkes der Tänze des Universellen Friedens. http://www.abwoon.com/ Im Folgenden in der Kurzform: Saadi.

Aida Gurdić, eine Teilnehmerin eines Tanzseminars in Bosnien-Herzegowina, bringt genau dies zum Ausdruck indem sie sagt, sie habe beim Tanzen *„ein starke Sehnsucht nach Gott gespürt".* (Gurdić, 2014, S.2) Allerdings gilt es, um diese Erfahrung zu ermöglichen, den kritischen Verstand zu überwinden. Wie beschrieben (s. Kapitel 2) können die *Tänze* für Außenstehende seltsam anmuten. Auch Gita war zu Beginn eher skeptisch, wie sie selbst sagt:

> *„Meine Güte, ich war die größte Skeptikerin unter Gottes Sonne, ich hab alles angezweifelt und fand das komisch und blöd".* (Onnen, 2014, S.12)

Doch sie sagt auch, die *Tänze* sind ein Weg der Hingabe, es geht dabei um ein Ringen. Die Erfahrung fällt einem nicht einfach so zu, man muss sein Herz öffnen, sich einlassen und immer wieder neu bemühen. Dies ist mit ein Grund dafür, warum die *Tänze* – selbst wenn man ein- und denselben Tanz schon viele Male getanzt hat – nicht langweilig werden. Es geht um den Moment. Die *Tänze* können hierbei immer wieder neu und anders erlebt werden. (Onnen, 2014, S.3 und S.12)

Allgemein kann gesagt werden, dass es immer auf die Zielgruppe und den Kontext ankommt, in welchem die *Tänze des Universellen Friedens* praktiziert werden. Außerdem ist es wichtig, ob mehr der unterhaltende oder der spirituelle Aspekt im Vordergrund steht. Dabei ist die Tanzauswahl von entscheidender Bedeutung (s. Kapitel 5.3).

Als Samuel L. Lewis starb, hinterließ er seinen Schüler_innen etwa 30 *Tänze* und die Gehmeditationen. Heute gibt es über 400 *Tänze.* Diese wurden durch direkte und indirekte (Schüler_innen von Schüler_innen) Schüler_innen, die sich über viele Jahre mit den *Tänzen des Universellen Friedens* beschäftigt haben, in die Welt gebracht. Es werden auch in Zukunft immer neue *Tänze* entstehen, die das Erbe von Samuel L. Lewis bereichern und wachsen lassen. (Douglas-Klotz, 1999, S.59; Douglas-Klotz, 1995, S.10)

Es gibt *Tänze*, die eher meditativ sind, mit sehr einfachen Bewegungen, bei denen die Bewegungen als eine Art Körpergebet oder Körpermeditation gesehen werden können. (Alima, 2014, S.1; Gurdić, 2014, S.2) Dann wiederum gibt es *Tänze,* bei denen es Tanzpartner gibt, die häufig im Laufe des Tanzes auch wechseln. Bei diesen *Tänzen* spielt der Aspekt von zwischenmenschlicher Begegnung mit hinein. Außerdem gibt es inzwischen *Tänze*, die sich speziell für Kinder eignen, aber ebenso gerne von Erwachsenen getanzt werden, und bei denen mehr der Spaß-Faktor im Vordergrund steht.

Tanzanleitung

Neben der Tanzauswahl ist die Anleitung sehr entscheidend. Der oder die Tanzleiter_in führt den *Tanz* ein, erklärt und lehrt sowohl das Lied als auch die Bewegungen. Dabei wird vor allem über das Prinzip der Nachahmung vermittelt. Dies sorgt dafür, dass über den Körper und nicht über den Verstand gelernt wird. (Sieglin, 2014, S.6; Mayer, 2004, S.216) Es hilft von Anfang an, den Kopf auszuschalten und sich ganz auf den Moment zu konzentrieren.

Je nachdem, wie die Worte gewählt werden und wie die leitende Person eingestimmt ist, wird eine Stimmung, ein Energiefeld, geschaffen. Auch während des Tanzes können weitere Anweisungen gegeben werden. So ist es möglich, dass unterschiedliche Gruppen in einer Art Wechselgesang singen, z.B. Männer – Frauen. So ist jeder *Tanz* wieder von neuem individuell erlebbar und kann jedes Mal sehr unterschiedlich sein.

Gänge

Ein weiterer Teil der *Tänze des Universellen Friedens* sind Geh-übungen bzw. Gehkonzentrationen. Neben den *Tänzen* hat Samuel L. Lewis Übungen entwickelt, bei denen er die früher in statischer Meditationshaltung durchgeführten Übungen in verkörperte Geh-übungen umformte. *„Sie sind Übungen der Konzentration, Selbst-meisterschaft und Verwirklichung"* zu unterschiedlichen Themen. (Dances of Universal Peace International, 2004, S.19) Es gibt Gänge der Zentren, Gänge der Elemente, Planetengänge und Wazifa-Gän-ge. (NdL, 2004, S. Gänge) Jeder Gang hat seine eigene Qualität und kann dementsprechend eingesetzt und genutzt werden. Diese hier ausführlich zu beschreiben würde allerdings den Rahmen der Arbeit sprengen.

Im Folgenden soll der Begründer der *Tänze des Universellen Frie-dens*, Samuel L. Lewis, vorgestellt werden. Hierbei wird auf wichtige Lebensdaten und vor allem auf seine Beziehung zu den *Tänzen* ein-gegangen.

2.1 Samuel L. Lewis

Abbildung 2:
Samuel L. Lewis in jungen Jahren.

Abbildung 3:
Samuel L. Lewis in späteren Jahren,
Tanzleiter und Lehrer verschiedener
Traditionen.

Samuel Leonard Lewis wurde am 18. Oktober 1896 in San Francisco geboren. Er gehörte der Levi-Strauss Dynastie an, sein Vater war Vize-Präsident der Levi-Strauss Company und seine Mutter stammte aus der internationalen Bankfamilie Rothschild[11]. Die Familie war jüdisch und Samuel L. Lewis interessierte sich schon sehr früh für heilige und spirituelle Schriften. Er studierte sie und rezitierte aus ihnen. Allerdings waren diese nicht ausschließlich jüdisch, was seine Familie nicht gut hieß und ihn deswegen verstieß. (Sufi Ruhaniat International, 2013, S.50; NdL-Publications, 1998, S.21; Douglas-Klotz, 1995a, S.13).

---

11 In mancher Literatur taucht auch der Familienname Rosenthal auf. Nach mehrfacher Recherche kommt die Autorin zu dem Schluss, dass der Familienname Rothschild stimmen müsste.

1914/15, im Alter von 19 Jahren, begann Samuel L. Lewis sich für spirituelle Studien, orientalische Philosophie und die Weltreligionen zu interessieren. Dabei fühlte er sich besonders von der Sicht der Universalität der Theosophie angezogen, welche *„die Weltreligionen als Strahlen einer Wahrheit betrachtet".* (Dances of Universal Peace Interantional > Murshid Samuel L. Lewis) Ein Jahr später begann er das Studium der nicht-euklidischen Geometrie und mathematischen Philosophie in Kolumbien. (Sufi Ruhaniat International, 2013, S.50; NdL-Publications, 1998, S.21) Im Laufe seines Lebens sollte er noch Theosophie, östliche Religionen sowie die mystischen Aspekte des Judentums studieren. (Douglas-Klotz, 1995a, S.13)

Mit Mitte 20 kehrte er nach Kalifornien zurück und beschäftigte sich erstmalig mit Schriften von Hazrat Inayat Khan[12]. Diese begleiteten von da an sein gesamtes Leben. (Sufi Ruhaniat International, 2013, S.50)

Ab 1919 wurde Samuel L. Lewis Schüler bei verschiedenen spirituellen Lehrern. Dazu gehörten unter anderem Murshida[13] Rabia Martin[14] (ab 1919), Sogaku Shaku[15] (ab 1920), Hazrat Inayat Kahn (ab 1923), Kwadja Khidr (ab 1924), Sokei-An Sasaki[16]

---

12 Hazrat Inayat Khan: *1882 †1927, er ist der Begründer der internationalen Sufi-Bewegung und des internationalen Sufi-Ordens, Musiker (vor allem klassische indische Musik), ging 1910 in die USA, um dort seine Lehren zu verbreiten. (vgl. Verlag Heilbronn)

13 Murshid/Murshida ist das persische Wort für eine_n spirituelle_n Meister_in. (vgl. Heilbronn Verlag)

14 Murshida Rabia Martin: *1871 † 1947, Schülerin von Hazrat Inayat Kahn und selbst Sufi-Lehrerin. Nach Hazrat Inayat Khans Tod führte sie seine Arbeit fort.

15 Sogaku Shaku: Meister des Rinzai-Zen-Buddhismus.

16 Sokei-An Sasaki: *1882 †1945, erster Zen Meister, der dauerhaft in den USA lebte und lehrte (http://www.firstzen.org/sokeian.php).

(ab 1930), Ramana Maharshi[17] (ab 1937) und Swami Papa Ramdas[18] (ab 1953). (SKI Sekretariat, 1978; Sufi Ruhaniat International, 2013, S.50f; NdL-Publications, 1998, S.21)

Um all diese Lehrer kennen zu lernen und seine Erfahrung zu erweitern, unternahm Samuel L. Lewis viele Reisen. Er besuchte dabei unter anderem Japan, Thailand, Burma, Pakistan, (alle 1956), Ägypten (1960) und Indien (1956, 1961). Zu Lewis' Reiseaktivitäten schrieb Neil Douglas-Klotz folgendes:

> *„His journeys to the East introduced him to „open fields" large enough to allow him to integrate all of his work – spiritual, intellectual, scientific and cultural, humanitarian and human". (Douglas-Klotz, 2013, S.101)*

Auf diesen Reisen wurde er auch in unterschiedlichen spirituellen Gemeinschaften aufgenommen. (Sufi Ruhaniat International, 2013, S.52f; NdL-Publications, 1998, S.23; Meyer, 1999, S.11) Dazu schrieb Wali Ali Meyer[19]:

> *„Wenn man das Leben von Murshid Samuel L. Lewis (...) betrachtet, stellt sich natürlich die Frage: Was befähigt ihn, von so vielen verschiedenen Religionen als Lehrer innerhalb der jeweiligen*

---

17 Sri Ramana Maharshi: *1879 †1950, Yoga-Lehrer, http://www.sriramanamaharshi.org/de/.

18 Swami Papa Ramdas: *1884 †1963, geboren als Richard Alpert, Harvard- Psychologe und –Forscher und später ein "Hindu-Guru". (http://ruhaniat.org/index.php/lineage/godparents/papa-swami-ramdas- mother-krishnabai, Meyer W.A., 2013, S.11)

19 Wali Ali Meyer: * 1942, ab 1968 Schüler von SAM, nach kurzer Zeit würde er dessen Assistent bzw. Sekretär und half ihm bei seiner Arbeit. (Sufi Ruhaniat International > Murshid Wali Ali Meyer)

Tradition akzeptiert zu werden? Denn er wurde von den Juden als Lehrer der Kabbala akzeptiert, von den Christen als Deuter der Evangelien, und von den Muslimen als Sufi Murshid (Meister), sowie von den Buddhisten und Hindus. Diese außerordentlichen Tatsachen können belegt werden. Sie sind der lebendige Beweis für die Behauptung, daß ein voll realisiertes Wesen direkt als göttlicher Kanal funktionieren kann, dabei die Unterschiede und Unterscheidungen überschreitend, welche von den verschiedenen Theologien betont werden". [sic.] (Meyer, 1998, S.12)

Samuel L. Lewis sagte darüber selbst:

„Es besteht wohl die Möglichkeit, daß ich ein anerkannter Heiliger werde… für die westliche Welt ein Witz, aber hier eine sehr ernste Angelegenheit…" [sic.] (NdL-Publications, 1998, S.33; Lewis, 2013, S.168)

1926 erhielt er von seinem Sufi-Lehrer Inayat Khan den Titel "Sufi" und *„bekommt den Auftrag, Kommentare zu dessen esoterischen Schriften zu verfassen".* Als Inayat Khan 1927 starb, wurde Samuel L. Lewis Haupt-Assistent von Murshida Rabia Martin und in ihrer Abwesenheit auch *„Direktor der Sufi Khankah Kaab Allah in Fairfax, Kalifornien".* (NdL-Publications, 1998, S.22)

Ab 1928 beschäftigte er sich vermehrt mit weniger bekannten Religionen und einem Wiederversöhnungsprogramm für den Nahen Osten auf dem Gebiet der Religion. (NdL-Publications, 1998, S.22) Dabei war sein Plan sehr praktisch orientiert, wie Wali Ali Meyer schrieb:

> *„Im Zentrum des Plans steht die Kultivierung der Wüste mittels Salzwasser-Umwandlung und – Entsalzung, Ermittlung geeigneter Getreidesorten für die einzelnen Bodenarten, durch den Einsatz von Petroleum-Restprodukten sowie anderer Billig-Materialien bei der Konstruktion von Unterkünften". (Meyer, 1998a, S.86)*

Ab 1930, nach mehreren Visionen von Inayat Khan, verfasste er selbst Schriften, die später allerdings zum Großteil einem Feuer zum Opfer fielen. (NdL-Publications, 1998, S.22f.; Meyer, 1999, S.10)

Während des Zweiten Weltkrieges arbeitete er als historischer Berater und Sekretär für die Army Intelligence (G2). (Meyer, 1999, S.11)

Von 1940 gibt es erste Aufzeichnungen, in denen er sich über spirituellen Tanz äußerte:

> *„Was bewirkt der Tanz für uns? Zuerst und vor allem verstärkt er das Rhythmusgefühl und verbessert unsere Reaktion auf Rhythmus. Das ist in Wirklichkeit eine Antwort auf das Leben. Es macht uns lebendiger, das heißt spiritueller. Er bringt Schönheit in Form und Bewegung hervor und entwickelt unsere Persönlichkeiten, indem wir uns an ihnen erfreuen. Er führt uns über*

uns selbst hinaus in eine Art Vorgeschmack des Nicht-Seins, was tatsächlich Balsam für die Seele ist". (Lewis, 1995, S.23)

Von da an schien Samuel L. Lewis sich weiterhin mit Tanz und Bewegung beschäftigt zu haben. Dabei wurde er vor allem von Ruth St. Denis[20] beeinflusst, die er als „Mata-Ji" (verehrte Mutter) bezeichnete. Vor allem die Tatsache, dass Ruth St. Denis' Verkörperungen von Göttinnen auf die Bühne und somit in Bewegung brachte, schienen Lewis zu beeindrucken. Im Laufe der nächsten Jahre sollte er nach und nach immer mehr Tänze kreieren, wobei er selbst sagte:

Ruth St. Denis „habe ihn die Fähigkeit gelehrt, ‚Musik und Tänze direkt aus dem Kosmos zu ziehen, aus dem Herzen Gottes'". (Dances of Universal Peace International > Ruth St. Denis; Meyer, 1999, S.12)

Weiter schrieb er über sie:

„Ruth St. Denis, [ist] sozusagen meine „Patin", bestätigte alle meine Pläne und bevor sie die Welt verließ, hatte ich meine „Tänze des Universellen Friedens" begonnen. Ich begann mit Derwischtänzen, dann mit indischen. Jetzt bin ich bereit, christliche mystische Tänze zu bewahren oder zu beginnen. Diese Tänze sind dem Tempel des Verständnisses in Washington D.C. gewidmet, der bestrebt ist, sich die Worte aus dem Psalm „Mein

---

20 Ruth St. Denis: geborene Ruth Dennis, * 1879 †1968, war eine US-amerikanische Tänzerin, Choreografin und Pädagogin

Abbildung 4:
SAM kreiert die *Tänze des Universellen Friedens* und teilt sie mit
jungen Menschen.

1946, nachdem er innerhalb einer Vision von Inayat Khan der Führung durch den Propheten Mohammed und Jesus Christus übergeben wurde, erhielt er von Mohammed den Namen "A. Murad". (NdL-Publications, 1998, S.23) Dieser wurde wiederum im Sommer 1956 durch Pir[21] Maulana von A. Murad in Ahmed Murad geändert und seitdem sagte Samuel L. Lewis selbst:

„My initials will be S.A.M., which stands both for
Sufi Ahmed Murad and also for SAM, my usual
name, short for Samuel". (Lewis, 2013b, S.142)

Seit diesem Tag wurde und wird Samuel L. Lewis von seinen Freund_innen und Schüler_innen bis heute Murshid SAM genannt.

Samuel L. Lewis beschäftigte sich neben seinen spirituellen Wegen auch mit Umweltproblemen und hatte Ideen zu salzwasserumwandelnden Pflanzen und nichtgiftigen Sprays. Dies führte mit dazu, dass er 1965 einen Lehrauftrag an der UC in Berkley erhielt. (NdL-Publications, 1998, S.23f; Meyer, 1998a, S.86)

Von 1961 gibt es erneut Tagebucheinträge von SAM, aus denen ersichtlich wird, dass er mit den Menschen tanzte:

„So tanze ich also immer mehr. Nur – die Wege
sind steinig, und es ist Glücksache, einmal eine

---

21 Pir ist persisch und bedeutet spiritueller Lehrer. Meist kommt auch die Form Pir-O-Murshid vor, was diese Bedeutung noch verstärkt, da Murshid oder Murshida (weibliche Form) ebenfalls ein persisches Wort für eine_n spirituelle_n Meister_in ist. (vgl. Verlag Heilbronn)

Abbildung 5:
SAM tanzend mit Schüler_innen.

Aus weiteren Einträgen wird ersichtlich, dass Samuel L. Lewis im
Laufe der 1960er Jahre immer mehr Tänze „kreierte", also durch
Träume und Visionen dazu inspiriert wurde. Dazu sagte er selbst:

Und weiter:

1966, im Alter von 70 Jahren, wurde Samuel L. Lewis von Sidi Abusalem Al-Alewi als Sufi mit Baraka[22] bestätigt und so initiierte er seine ersten Schüler_innen. Nach Wali Ali Meyer, dem esoterischen Sekretär von Samuel L. Lewis, *„bot Murshid Samuel Lewis in den 1960ern den jungen Menschen und Hippies in und um San Francisco Sufilehren an, weil es kein anderer tat".* (Dances of Universal Peace International > Murshid Samuel L. Lewis) Ein Jahr später, bei einer Nahtoderfahrung auf Grund eines Herzanfalls (SAM selbst sprach immer von einer „Lebensmittelvergiftungsattacke", da er nicht wollte, dass seine Schüler_innen mitbekamen, wie ernst es um ihn stand), hatte er eine Vision und die Eingebung von Gott bzw. Allah[23]: *„Ich mache dich zu dem spirituellen Führer der Hippies".* (Sufi Ruhaniat International, 2013, S.53; NdL-Publications, 1998, S.24 und S.58; Jablonski, 1995, S.18f.) Indem er dieser Vision folgte, fand SAM eine neue Familie. Mit diesen Menschen tanzte und sang er und brachte so die *Tänze des Universellen Friedens* in die Welt. (Meyer, 1999, S.11) Neil Douglas-Klotz bescheibt es sehr anschaulich:

> *„His work life had been fulfilled. He had yet to find a family with which to share the elixir of hard-won realization. This occurred in the last 5 years of his life when he was found by the young people whose hearts were open enough to accept him, many of whom had also been rejected*

---

22 Baraka: im Arabischen Ausdruck für den magnetischen Liebessegen, der die Atmosphäre eines Mystikers ausmacht. (Jablonski M., 1995, S.18)

23 Je nach Quelle hatte er die Vision von Gott bzw. Allah. Da Samuel L. Lewis der Auffassung war, dass es ganz egal ist, welchen Namen man verwendet, da nur die Sichtweise auf etwas gleiches unterschiedlich ist, werden hier beide genannt.

by their families, and who were willing to recei-
ve the baraka of Sufi blessing- magnetism that
Murshid Samuel Lewis offered". [sic.] (Douglas-
Kotz, 2013, S.311)

1968 traf er Pir Vilayat Inayat-Khan, den Sohn von Hazrat Inayat Khan, der ihn dazu anhielt, seine *Tänze* und Gänge schriftlich festzuhalten. (Sufi Ruhaniat International, 2013, S.53)

Ein Jahr später reiste er innerhalb der USA zu verschiedenen Kommunen, vor allem im Staat New Mexico; unter anderem besuchte er auch die Lama Foundation. Dies war das erste Mal in seinem Leben, dass er als anerkannter Lehrer reiste und mit den Menschen sang und tanzte. Im Laufe der nächsten Jahre sollten sich seine *Tänze* und Gesänge immer mehr verbreiten. (Sufi Ruhaniat International, 2013, S.54)

In seinem ganzen Sein war SAM sehr geerdet und nicht abgehoben. So schrieb Joe Miller[24], ein guter Freund von ihm:

„Er war ein nüchterner, erdnaher Mensch. Er ver-
mittelte dir keinen tollen Trip auf einer hübschen
rosa Wolke. Eher schon gab er dir einen Tritt und
sagte: ‚He, was ist mit dir los? Steig von deinem
hohen Roß und sieh die Dinge, wie sie wirklich
sind. Sieh, was die Dinge um dich herum sind. Er-
kenne Dein Einssein mit dem Einen. Und strahle
Liebe aus – auf jeden Menschen. Aber eine Liebe
ohne Haken. Ohne etwas zurückzuhalten. Laß

---

24 Joe Miller: *1904 †1992, spirituell Suchender, spiritueller Lehrer und guter Freund von Samuel L. Lewis. (http://www.ruhaniat.org/index.php/lineage/godparents/joe-and-guin- miller)

Nach einem Sturz, bei dem sich Samuel L. Lewis eine Gehirnerschütterung zuzog, und einem zweieinhalbwöchigen Aufenthalt im Krankenhaus, starb Samuel L. Lewis am 15. Januar 1971 im Alter von vierundsiebzig Jahren in San Francisco. Er wurde, auf eigenen Wunsch hin, in der Lama Foundation beerdigt. (Sufi Ruhaniat International, 2013, S.54; Meyer, 2013, S.12) Vor seinem Tod ernannte er Moineddin Jablonski[25] zu seinem spirituellen Nachfolger. (Meyer, 1999, S.12)

Samuel L. Lewis wurde nicht durch seine Schriften bekannt, sondern durch die Vermittlung von Freude und Liebe durch *die Tänze des Universellen Friedens*. (Meyer, 2013, S.12)

Nach SAMs Tod verbreiteten sich die *Tänze* weltweit. Wie genau dies vonstatten ging und vor allem, wie die *Tänze* nach Deutschland kamen, soll im folgenden Kapitel erläutert werden.

---

25 Moineddin Jablonski: *1942 †2001, Schüler von Samuel L. Lewis und ab 1971 sein Nachfolger als Leiter des Ruhaniat Sufi-Ordens. (Sufi Ruhaniat Europe)

Abbildung 6:
SAM tief verbunden mit der göttlichen Weisheit.

2.2 Entstehung und Verbreitung

Wie schon erwähnt sind die *Tänze des Universellen Friedens* in den 1960er Jahren in Nordamerika entstanden.

Samuel L. Lewis (SAM) hatte in den letzten sieben Jahren seines Lebens die Inspiration zu den *Tänzen*:

> *„Die Tänze und Gänge kamen in Träumen und Visionen und Augenblicken konzentrierter Inspiration zu ihm". (Dance of Universal Peace International, 2004, S.18)*

Er selbst sagte dazu:

> *„Allah (Gott)[26] hält mich nachts wach, sodaß ich Visionen neuer Tänze empfangen kann". (Jablonski, 1995, S.17)*

Und weiter:

> *„Sam[27] nimmt alle Elemente, die er vom westlichen Tanz kennt, und verschmilzt sie mit den Namen Gottes und dem Lobpreis Gottes. Es ist gleichzeitig Hingabe und Wissenschaft, denn obwohl das Motiv sich an der Heiligkeit orientiert, scheint es doch zur gleichen Zeit Freude, Begeisterung, wunderschöne Kunstformen und wundervolle Reaktionen hervorzurufen". (Lewis, 1995a, S.22)*

---

26 Je nach Quelle hatte er die Vision von Gott bzw. Allah. Da Samuel L. Lewis der Auffassung war, dass es ganz egal ist welchen Namen man verwendet, da nur die Sichtweise auf etwas gleiches unterschiedlich ist, werden hier beide genannt.

27 In seinen Tagebüchern schrieb SAM in der dritten Person über sich selbst.

Seine Hauptinspirationsquellen zu den *Tänzen* waren zum einen sein erster Sufilehrer Pir-O-Murshid Hazrat Inayat Khan, der die Vision der *„Einheit aller religiösen Ideale"* vertrat und SAM über die Mystik von Klängen lehrte, zum anderen Ruth St. Denis, eine Pionierin des modernen amerikanische Tanzes und SAMs Lehrerin für sakralen Tanz. (Douglas-Klotz, 1995, S.8; Douglas- Klotz, 1995a, S.14f.)

Die ersten *Tänze*, die SAM kreierte, waren Mantra-Tänze, Derwisch-Tänze und Mysterien-Tänze. Es sollten jüdische, christliche und weitere Tänze folgen, so dass es irgendwann Tänze für alle Religionen geben sollte. Diese Vision wird bis heute und auch noch in die Zukunft hinein weitergetragen. (Jablonski, 1995, S.19)

Nachdem er während seiner Nahtoderfahrung zum spirituellen Führer der Hippies ernannt wurde (Sufi Ruhaniat International, 2013, S.53; NdL-Publications, 1998, S.24; Jablonski, 1995, S.19), ging er zu den jungen Menschen der Hippie-Bewegung und fing an, mit ihnen zu tanzen. Bei diesen Menschen handelte es sich um Personen, die durch Drogenkonsum eine Art Weltflucht oder Heil-Werden gesucht hatten. Er sagte ihnen, dass sie durch das Tanzen mit ihm eine Ekstase ohne die Einnahme von Drogen erfahren könnten. (Dziubany, 2014, S.2)

Rahmana erklärt dies so:

> *„eine Form von Ekstase und Hochgefühl, die keinerlei Außensubstanzen braucht, sondern sie entsteht durch die alten kraftvollen Gebete, Tänze und Gesänge und durch die Kraft der Gemeinschaft". (Dziubany, 2014, S.2)*

Nachdem SAM zu Beginn vor allem mit Menschen der Hippie-Bewegung getanzt hatte, wurden es im Laufe der Zeit unterschiedlichste Gruppen, wodurch sich die *Tänze* nach und nach in Nordamerika verbreiteten. Immer mehr Menschen lernten die *Tänze* und auch den *Internationalen Sufismus*[28] durch SAM kennen und wurden zum Teil seine Schüler_innen. So konnte SAM den Auftrag, den er von seinem Sufilehrer aus Pakistan bekam, *„Du wirst fünfzigtausend Amerikaner dazu bringen ‚Allah' zu singen"* (Jablonski, 1995, S.19), erfüllen.

Darunter waren u.a. Personen wie Wali Ali Meyer, Moineddin Jablonski und Abraham Sussman[29], die zum Teil bis heute die *Tänze* und das Werk von SAM weiter tragen und in der Welt verbreiten.

SAM hat die *Tänze* und Übungen, die er seinen Schüler_innen lehrte, ohne Einschränkungen oder Urheberrechtsanspruch weitergegeben. Dies sorgte allerdings dafür, dass nach seinem Tod die ursprüngliche Intention der *Tänze* ein Stück weit verloren ging und

---

28 „Die Internationale Sufi-Bewegung wurde von Hazrat Inayat Khan gegründet. Und zwar mit folgenden Zielen: 1) Die Einheit zu erkennen und dieses Wissen und die Religion der Liebe und Weisheit zu verbreiten, sodass die verschiedenen Glaubensrichtungen und –unterschiede von selbst wegfallen, das menschliche Herz vor Liebe überfließt und aller Hass, der durch Unterschiede und Andersartigkeiten geweckt wird, mit der Wurzel ausgerottet werden möge: 2) das Licht und die Kraft, die in jedem Menschen schlummern, das Geheimnis aller Religion, die Macht der Mystik und die Essenz der Philosophie zu entdecken, ohne gegen Sitten und Meinungen zu verstoßen; 3) mitzuhelfen, die beiden Pole der Welt, den Westen und den Osten, durch den Austausch von Gedanken und Ideen eng zusammenzubringen, sodass eine universelle Bruderschaft [und Schwesternschaft] entstehen und Menschen sich jenseits der engen nationalen und rassischen Grenzen begegnen können. Die Sufi-Bewegung ist in fünf getrennte Aktivitäten eingeteilt: die Bruder-Schwesternschaft, Universeller Gottesdienst, die Schule der inneren Kultur bzw. Esoterik, spirituelles Heilen und Symbolik." (Douglas-Klotz N., 2007, S.360)

29 Abraham Sussman: *1945, seit 1969 Schüler von SAM (Sufi Ruhaniat International > Murshid Abraham Sussman) Trägt bis heute dazu bei, dass die Tänze und SAMs Vision in der Welt verbreitet werden.

bald jede Art von Kreistänzen „Sufitänze" genannt wurden. Dabei war ihm sowohl die transformierende *„Kraft von Freude und Hingabe in einem universellen Zusammenhang"* sehr wichtig, als auch das Bemühen, *„die im Tanz gewonnenen erweiterten Bewusstseinszustände im aktuellen Dienst an der Welt und für die Arbeit am eigenen inneren Wachstum einzusetzen".* (Douglas-Klotz, 1995, S.9) Nach seinem Tod wurde durch seine Schüler_innen der Name *Tänze des Universellen Friedens* eingeführt.

Obwohl SAM nie eine Einschränkung bzgl. der Weitergabe der *Tänze* vorgegeben hatte, war „die Ausbildung als Tanzleiter (...) bis zur Gründung des Internationalen Netzwerkes der *Tänze des Universellen Friedens* im Jahre 1982, nur für Sufiinitiierte möglich". (Alima, 2014, S.8) Direkt nach Samuel L. Lewis' Tod ging man davon aus, dass die *Tänze* ausschließlich in den Sufi-Kreisen bleiben würden. Vor allem Saadi ist es zu verdanken, dass es diesbezüglich eine Öffnung gab und inzwischen jede_r die Möglichkeit hat, den Weg der *Tänze* zu gehen und durch entsprechende Ausbildungen Tanzleiter_in zu werden. (Alima, 2014, S.8f; Dances of Universal Peace International, 2004, S.7)

Das Netzwerk der *Tänze des Universellen Friedens*, welches 1982 gegründet wurde, ist ein öffentlich-rechtlicher gemeinnütziger Verein und besteht aus verschiedenen Organen mit unterschiedlichen Aufgaben. Diese Organe sind: Sufi Ruhaniat International, Guidance Council, Leaders Guild, Mentors Guild, Dance of Universal Peace International und das Worldwide Network. Zu den Aufgaben gehört es, dafür Sorge zu tragen, dass SAMs Intention der *Tänze* weitergetragen wird und sich die *Tänze* im Laufe der Zeit nicht verändern bzw. verwässern. Außerdem werden viele von SAMs Schriften durch das Netzwerk veröffentlicht und auch die Richtlinien für Tanzleiter und Tanzleiterinnen festgelegt. (Douglas-Klotz, 1995a, S.15; Dziubany, 2014, S.5; Onnen, 2014, S.11; Dances of Universal Peace International > Überblick über die Tanzorganisation)

Inzwischen gibt es für die Weitergabe der *Tänze* klare Richtlinien und Vorgaben sowie Urheberrechte (s. weiter unten: Weitergabe).

Seit vielen Jahren werden die *Tänze des Universellen Friedens* ebenfalls auf einer professionellen Ebene weitergetragen. So wurden seit 1989 *„in Zusammenarbeit mit dem Internationalen Netzwerk der Tänze des Universellen Friedens in Seattle/USA viele TanzleiterInnen ausgebildet, die nun in der Kinder-, Jugend-, Umwelt-, und Frauenarbeit, in Kirchen und Therapiestätten, psychosomatischen Kliniken und einem Geburtshaus, in der Heilpädagogik und natürlich Seminar- und Meditationszentren die Tänze weitertragen"*. (Dziubany, 1995, S.7)

Die *Tänze* im deutschsprachigen Raum

In den deutschsprachigen Raum gelangten die *Tänze* durch unterschiedliche Personen und auf verschiedenen Wegen. Eine der Hauptpersonen bei der Verbreitung in Deutschland war Rahmana Dziubany.

Rahmana hat die *Tänze* Anfang der 80er Jahre in Heidelberg im Bereich des Sufismus kennengelernt. Damals waren die *Tänze* ausschließlich innerhalb von Sufi-Retreats[30] oder Sufi-Seminaren verfügbar und erreichbar. Diese fanden sowohl in Deutschland als auch in Frankreich statt. Rahmana hatte sofort die Idee, dass die *Tänze* weiter verbreitet werden müssen und vor allem, dass sie nicht nur ausschließlich in spirituellen oder esoterischen Gruppen bleiben sollten. (Dziubany, 2014, S.2f.)

Zu der Zeit wurden in Europa die ersten Tanzleiterausbildungen angeboten und Saadi bot das erste Mal Tanz-Retreats innerhalb von Europa an. (Dziubany, 2014, S.3)

Auf dem Sufi-Camp in Frankreich lernten sich Rahmana Dziubany und Joachim-Ernst Berendt[31] kennen. Durch ihre Zusammenarbeit wurden die *Tänze* weiter innerhalb Europas verbreitet, besonders durch das Programm: „Nada Brahma und Sufi Tanz – Die Welt erhören, ersingen und ertanzen". Außerdem wurde Rahmana durch ein Interview, das in einer Esoterik-Monatszeitschrift erschien, in Ver-

---

30 Retreat: direkte Übersetzung ist Rückzug, Einkehr. In diesem Kontext steht Retreat für ein Seminar.

31 Joachim-Ernst Berendt: *1922 †2000, Mitbegründer vom Südwestfunk Deutschland, Jazz-Musiker, Autor, Initiator von Weltmusik-Festivals. Eins seiner Hauptthemen war Spiritualität & Musik.

bindung mit den *Tänzen des Universellen Friedens* rasch bekannt. (Dziubany, 2014, S.3ff.)

Zur selben Zeit wurden innerhalb von Deutschland Tanz-Retreats von Saadi und Rahmana angeboten. Die Nachfrage war groß und die Gruppengröße nahm stetig zu. Weiter hat Rahmana auch ein Schulungs- und Ausbildungsprogramm entwickelt, wodurch es seitdem möglich ist, eine richtige Ausbildung zu machen und die *Tänze* nicht einfach nur auf Seminaren zu erfahren. Durch die Begeisterung der Ausbildungsteilnehmer_innen wurden dann auch während der Ausbildungsseminare viele der Schriften ins Deutsche übersetzt. (Dziubany, 2014, S.5f.)

In den Ausbildungsgruppen und Seminaren von Rahmana traten weitere Menschen in Erscheinung, die aufgrund ihrer Begeisterung die *Tänze* ebenfalls verbreiten wollten – so unter anderem Gita Sophia Onnen und Verena Hochheimer. (Dziubany, 2014, S.6)

Gita Sophia Onnen war 1990 für ein Jahr in den USA und hat dort Saadi mit der aramäischen Arbeit kennengelernt. So ist sie zu den *Tänzen* gekommen und hat diese dann mit Rahmana in Deutschland weiter verbreitet. Außerdem übersetzte sie einige von Saadis Büchern ins Deutsche, z.B. *„Das Vaterunser, Körperübungen und Meditationen zum kosmischen Jesusgebet"*. (Onnen, 2014, S.1)

Auch andere begeisterte Menschen, u.a. Alima und Rafia, sorgten für die Verbreitung der *Tänze* innerhalb des deutschsprachigen Raums. Rahmana und Gita begannen 1991/92 damit, ein Netzwerk innerhalb von Deutschland aufzubauen. (Alima, 2014, S.9) Unterstützt durch Saadi und Kamae, die weiterhin regelmäßig in Deutschland

Seminare angeboten haben, wurde 1994/95 schließlich der Verein *„Tänze des Universellen Friedens* NdL e.V." (NdL steht für Netzwerk in den deutschsprachigen Ländern) gegründet (Alima, 2014, S.9), der die Verbreitung der *Tänze* fördert und die Durchführung von Tanzveranstaltungen organisiert und bündelt. Weitere Aufgaben des Vereins sind Übersetzungs- und Publikationsaufgaben, Vertrieb von CDs, Lehrmaterial und Schriften, Förderung der Tanzarbeit in Krisen- und ehemaligen Kriegsgebieten durch das MIR-Projekt (s. Kapitel 3 Praxisbeispiel) sowie die Vernetzung und Information der Mitglieder. (Onnen, 2014, S.11; NdL e.V.> Das Netzwerk der Tänze)

Im Rahmen der verschiedenen Aktivitäten entstand die Idee eines einwöchigen Familien-Tanzcamps. Unter der Leitung von Alima, Michael Ali[32], Gita Sophia Onnen und Rahmana Dziubany, wurde dieses erstmalig 1994 organisiert und durchgeführt. (Onnen, 2014, S.11) Sowohl damals wie heute, dient es zur finanziellen Unterstützung des Netzwerkes und des Vereins zur Verbreitung der *Tänze*. Seitdem ist es das jährliche Großereignis in Deutschland, um die *Tänze des Universellen Friedens* zu erfahren:

> *„Mehrere hundert Menschen aus ganz Deutschland in verschiedensten Altersgruppen treffen sich und* ***„tanzen, beten und essen"*** *für einige Tage zusammen. Die Tänze des Universellen Friedens bilden dabei den äußeren Rahmen und verbinden die Menschen miteinander - eine tolle*

---

32 Michael Ali Stoeckel: *1964, Schreinermeister und Musiker, seit vielen Jahren begeisterter Tänzer und auch Leiter der Tänze des Universellen Friedens. Mitbegründer und seitdem mit in der Leitung des deutschen Familiencamps. (http://www.mystic-of-sound.de/)

> *Gelegenheit z.B. auch für Familien, gemeinsam*
> *etwas zu erleben, bei dem die Bedürfnisse der Er-*
> *wachsenen wie auch die der Kinder und Jugend-*
> *lichen erfüllt werden". (NdL e.V. > Das Camp)*

Durch das Familien-Tanzcamp kam auch die nächste Generation in Berührung mit den *Tänzen* und trägt sie weiter in die Welt. So sind diese ein lebendiger Segensstrom, der immer weiter fließen wird.

Weitergabe

Eine wichtige Eigenschaft der *Tänze des Universellen Friedens,* für deren Verbreitung und Weitergabe, ist die Erfahrung. So werden die *Tänze* durch eine direkte Lehrer_in-Schüler_in-Beziehung vermittelt und weitergereicht. SAM sagte diesbezüglich:

> *„Nicht was wir denken oder sagen, sondern was*
> *wir tun, ist von Bedeutung… der Tanz geht wei-*
> *ter!" (Lewis S.L. zit. nach Douglas-Klotz, 1995a,*
> *S.16)*

Es wird hierbei zum Ausdruck gebracht, dass es wichtig ist, die *Tän-ze* selbst zu erfahren, bevor man sie weitergibt und selbst anleitet. Auch Saadi unterstützt diese These:

> *„Es ist unmöglich, jemandem eine Erfahrung zu*
> *vermitteln, durch die man nicht selbst gegangen*
> *ist, und die Tänze sind vor allem eine Sache der*
> *Erfahrung". (Douglas-Klotz, 1995a, S.98)*

Dies ist auch ein Grund, warum es zwar viele Tanzbeschreibungen in schriftlicher Form gibt, sie aber in der Regel nicht frei verfügbar sind. Die in Tanzheften zusammengefassten Beschreibungen sind über das NdL-Sekretariat käuflich zu erwerben (Adresse siehe Literaturliste).

Für die Umsetzung der Lehrer_in-Schüler_in-Beziehung sucht sich in der Regel jede_r Lernende eine_n Mentor_in. Diese_r Mentor_in bietet meist eine Tanzleiter_innen-Ausbildung an, die man durchlaufen kann, im Vordergrund steht aber der direkte Kontakt und die persönliche Unterstützung und Anleitung, die sogenannte Mentor_innenschaft. Dabei lernt man *„von denen, die schon ein Stückchen weiter sind auf dem Weg und die einen darin begleiten und anleiten können, die Tänze zu erleben und sie auch zu leiten".* (Alima, 2014, S.7) Sowohl die Mentor_innen als auch die Mentee (Tanzleiter_in in Mentor_innenschaft) sind Teil des Netzwerkes der *Tänze des Universellen Friedens*. Befindet man sich in Mentor_innenschaft, und gehört somit zum Netzwerk, hat man die Möglichkeit, auf viele Tanzbeschreibungen und Anleitungen zuzugreifen. (Dances of Universal Peace International, 2004, S.7ff. und S.12ff.; Dances of Universal Peace International > Überblick über die Tanzorganisation; Alima, 2014, S.6f.)

Im Folgenden wird anhand eines Praxisbeispiels aufgezeigt, wie die *Tänze des Universellen Friedens* eingesetzt werden können, um Frieden und Heilung zu schaffen.

3 Praxisbeispiel:
Bosnien-Herzegowina – Amica Educa

Einen Teil des NdL e.V. bildet das bereits erwähnte MIR-Projekt. Dieses wurde 1988/89 von Rahmana Dziubany gegründet und ist dazu gedacht, Menschen, die aus währungsschwachen Ländern kommen, die Möglichkeit zu bieten, an Tanzveranstaltungen und Ausbildungsgruppen teilzunehmen. „Mir" ist das russische Wort für Frieden bzw. Erde und symbolisiert die zu verbreitende Friedensbotschaft auf der Erde. Im Zuge des Projekts wurden bereits Menschen aus Polen, der ehemaligen DDR, der ehemaligen Tschechoslowakei und Brasilien unterstützt. (Dziubany, 2014, S.6; NdL e.V. > Das MIR-Projekt)

Seit einigen Jahren finanziert das MIR-Projekt ausschließlich die Tanzarbeit in Bosnien-Herzegowina.

1996, direkt nach der Beendigung des dreijährigen Krieges im ehemaligen Jugoslawien, wurden Maria Müller Schweizer und Gita Sophia Onnen von einer Organisation in der Schweiz – Amica Schweiz – angefragt, ob sie *„mit den aus der Enklave Srebrenica vertriebenen Flüchtlingsfrauen „arbeiten" würden"*. (NdL > Das MIR-Projekt; Onnen, 2014, S.6) Amica Schweiz gründete in Tuzla Amica Educa, eine Einrichtung zur Unterstützung von Frauen und Kindern. Neben vielen Organisationen, die durch Sachspenden halfen, ging es bei Amica Educa um eine Unterstützung auf psycho-sozialer Ebene. (Amica Schweiz; Hujdur, 2014, S.2; Onnen, 2014, S.6)

Die *Tänze des Universellen Friedens* bilden hierbei von Anfang an einen wichtigen Teil von Amica Educa. Zusätzlich zum Familienstellen, dem kreativen Malen und der Gewaltfreien Kommunikation, sind die *Tänze* einer der Hauptpfeiler der Arbeit. Inzwischen wurden aus diesen ursprünglich vier Themen zehn, zu denen regelmäßige Kurse und Workshops angeboten werden. Neben der Seminararbeit sind Psychologinnen (momentan ausschließlich Frauen) sowie andere Fachkräfte vor Ort, die die Menschen individuell unterstützen und begleiten können. (Hujdur, 2014, 2f.)

Als Maria Müller Schweizer 1992 das erste Mal nach Bosnien reiste, herrschten noch Kriegszustände und sie fing an, mit Menschen in Flüchtlingslagern zu tanzen. Seit 1996 fliegen fast jährlich ein- bis zweimal Tanzleiterinnen (Maria Müller Schweizer und Gita Sophia Onnen, später dann Gita Sophia Onnen und Rafia Sieglin) nach Tuzla, um dort in Amica Educa Tanzseminare anzubieten und mit den Frauen (inzwischen sind auch Männer dabei) zu tanzen, zu singen und heilsame Arbeit zu machen. (NdL e.V. > Friedensarbeit in Bosnien, S.2; NdL e.V. > Das MIR-Projekt; Müller Schweizer, 2014, S.4)

Über den Beginn der Tanzarbeit in Bosnien sagt Maria Müller Schweizer:

> *„Während und nach dem Krieg war mein Motto: Krieg ist Wahnsinn, dem kann man nur mit etwas „Verrücktem“ begegnen. Im und nach dem Krieg zu tanzen bedeutet, das Gegenteil dessen zu tun, was akut abläuft. Sozusagen dem Traumawirbel einen Ressourcenwirbel entgegen zu setzen. Wichtig war für Gita und mich, dass*

Gita beschreibt, dass die Frauen zu Beginn weder tanzen noch singen wollten. Sie waren hochtraumatisiert und es ging zunächst erst einmal darum, einfach nur mit ihnen zu sein und ihnen Aufmerksamkeit und Zuwendung zu schenken. Nach einer gemeinsamen Zeit des Weinens, Schweigens und Seins fingen Gita und Maria an zu singen, und nach und nach stiegen die Frauen schließlich mit ein. Dabei war es sehr wichtig, geduldig zu sein, auf die Frauen einzugehen und Lieder mit arabischen Worten zu wählen, da die Frauen fast alle Muslima und die Worte ihnen somit vertraut waren. Im Laufe der Zeit haben immer mehr mitgesungen und am Ende wurde sogar getanzt. Durch die Geduld und das gleichzeitige Wissen, was die *Tänze* bewirken können, wurden die Seelen und Herzen geöffnet und es war möglich, die Frauen zu erreichen. (Onnen, 2014, S.6f.)

Durch die Traumatisierung waren die Menschen abgeschnitten von ihrem Körpererleben und hatten so gut wie kein Rhythmusgefühl. Sowohl die Praktiken der *Tänze* als auch weitere Übungen sollten die Frauen wieder zu sich und dem Gefühl für ihren eigenen Körper verhelfen (hierzu auch Kapitel 5.3). (Onnen, 2014, S.7)

Beim zweiten Seminar im Amica Educa Haus war u.a. Tenzila Hujdur[33] als Teilnehmerin dabei. Sie war sofort sehr begeistert und wollte mehr davon:

> *„Ich habe die heilsame Kraft der Tänze gefühlt.*
> *Ich wurde mir der Auswirkung der Tänze be-*
> *wusst: der Transformation unsicherer, verängsti-*
> *gter und deprimierter Frauen in selbstbewusste,*
> *aktive und wache Menschen. Meine Sehnsucht*
> *ist es, die Tänze überall zu verbreiten". (Tenzila*
> *zit. nach NdL e.V. > Das MIR-Projekt)*

Da Tenzila nach dem ersten Seminar gerne weitermachen wollte, Gita und Maria allerdings erst in einem halben Jahr wiederkommen sollten, beschloss sie, selbst vor Ort weiter zu tanzen. Sie bekam von Gita und Maria Unterlagen, die sie durch ihre guten Deutschkenntnisse problemlos verstehen konnte, und machte zunächst für sich selbst und später regelmäßig in Amica Educa Tanzabende. (Hujdur, 2014, S.1)

Durch die Initiative von Tenzila Hujdur wurden die *Tänze des Universellen Friedens* in Bosnien weitergetragen – auch in der Zwischenzeit, wenn keine deutschen Tanzleiterinnen vor Ort waren. Ab 1998 wurde einmal wöchentlich im Amica Educa Haus getanzt. Inzwischen gibt es eine wöchentliche Gruppe mit Tenzila, in der nicht nur getanzt, sondern auch andere heilsame Arbeit angeboten wird. (Hujdur, 2014, S.2)

---

33 Tenzila Hujdur: *1964, Tanzleiterin der Tänze des Universellen Friedens und Wegbereiterin der Tänze in Bosnien. Eine meiner Interviewpartnerinnen. Im Folgenden in der Kurzform: Tenzila.

Durch die finanzielle Unterstützung des MIR-Projektes war es schließlich auch für einige Menschen möglich, nach Deutschland auf das Familien-Tanzcamp zu kommen und sogar eine Tanzleiter_innen-Ausbildungen zu machen.

Nach ein paar Jahren übergab Maria Müller Schweizer ihre Aufgaben an Rafia Sieglin, die seitdem die Arbeit fortführt.

Die Nachfrage und Begeisterung wächst stetig und so tanzen und singen inzwischen viele Menschen in und um Tuzla, auch Männer. Um noch mehr Menschen den Zugang zu den *Tänzen* und deren Wirkung zu ermöglichen, gab es 2015 eine Tanzleiter_innen- Ausbildung vor Ort, welche von Rafia Sieglin geleitete wurde.

Ebenso wurden einige der *Tänze des Universellen Friedens* in den örtlichen Lehrplan der Schulen mit aufgenommen. Dies entstand dadurch, dass nach dem Krieg in der Schule zwei neue Fächer gegründet wurden, Religion und Religionskultur (in etwa mit unserem Ethikunterricht vergleichbar). Da die Lehrer_innen in Tuzla allerdings selbst nie Religionskultur hatten, wussten sie nicht so recht, was genau sie unterrichten sollten. Die Idee dieses Faches ist es, den Kindern die unterschiedlichen Religionen näher zu bringen. Tenzila Hujdur wurde durch ihren Sohn auf diese Problematik aufmerksam und kam auf die Idee, man könnte hierfür die *Tänze des Universellen Friedens* nutzen, da sie Tänze unterschiedlicher Religionen beinhalten. Nachdem die Lehrer_innen von dieser Idee begeistert waren, wurde gemeinsam ein Konzept entwickelt, was letztlich auch vom Schulamt anerkannt wurde. Die Lehrer_innen werden regelmäßig über Amica Educa geschult und können so die *Tänze* in die Schulen bringen. (Hujdur, 2014, S.5f.)

4 Trauma

In dieser Arbeit soll aufgezeigt werden, inwiefern die *Tänze des Universellen Friedens* in der Sozialen Arbeit als Methode genutzt werden können. Beispielhaft soll dies in Bezug auf traumatisierte Menschen dargestellt werden. Dazu ist eine genauere Betrachtung von Traumatisierung notwendig.

Es gibt viele unterschiedliche Ursachen, die zu einer Traumatisierung führen können, demnach gibt es auch unterschiedliche Erscheinungsformen von Traumata. Da eine genaue Darstellung der verschiedenen Traumata den Umfang dieser Arbeit übersteigen würde, wird im Folgenden versucht, einen allgemeinen Überblick zu geben. Dies beinhaltet zum einen Definitionen, Risiko- und Schutzfaktoren, zum anderen die allgemeinen Symptome sowie Unterstützungsmöglichkeiten bzw. wie mit einem Trauma umgegangen werden kann oder sollte.

Dabei bildet das Buch „Soziale und pädagogische Arbeit bei Traumatisierung", von Corinna Scherwath[34] und Sibylle Friedrich[35], die Basis. Ergänzend werden weitere Quellen hinzugezogen.

---

34 Corinna Scherwath: u.a. Erzieherin, Dipl. Sozialpädagogin, Kinder- und Jugendsozialtherapeutin; Begründering und Leiterin des Pädagogisch-Therapeutischen Fachzentrums in Hamburg; Autorin.

35 Dr. Sibylle Friedrich: Dipl.-Psychologin, forscht und lehrt an der Schnittstelle zwischen Psychologie und Sozialer Arbeit; Expertin für Netzwerkarbeit und Ressourcenorientierung; Ausbilderin und Mitbegründerin der Fortbildungsreihe RessorucenCouch des Institutes des Rauhen Hauses für Soziale Praxis. (http://www.sommer-uni.de/index.html)

4.1 Was ist ein Trauma?

Der Begriff „Trauma" wird immer häufiger verwendet. Besonders bei Ereignissen wie dem 11. September 2001, bei Amokläufen an Schulen oder nach dem Absturz der Germanwings-Maschine in den französischen Alpen hat nahezu jeder traumatische Assoziationen, sei es durch eigene Betroffenheit oder durch Empathie für die Opfer bzw. ihre Angehörigen. Allerdings stellt sich hier zu allererst die Frage, was unterscheidet ein Trauma von einem belastenden Lebensereignis? Und geht es spezifisch um ein Trauma, muss weiter differenziert werden zwischen der medizinischen und der psychologischen Verwendung des Begriffes.

4.1.1 Trauma versus belastendes Lebensereignis

Michaela Huber[36] zählt einige Merkmale auf, die ein Trauma von einem belastenden Lebensereignis unterscheiden:

„Ein Trauma ist überwältigend; lebensgefährlich; etwas, das man eigentlich nicht verkraften kann; ein Ereignis außerhalb dessen, was der Mensch sonst kennt; verbunden mit der Überzeugung, dass man es nie verwindet; so schlimm, dass man nachher denkt, das könne nicht passiert sein; mit enormen seelischen und/oder körperlichen Schmerzen verbunden; etwas, das von unserem Gehirn aufgesplittert oder ganz verdrängt wird".
(Huber, 2012, S.38)

Belastende Lebensereignisse können hingegen vom Menschen verarbeitet, eingeordnet und selbstständig überwunden werden.
Hier wird schon deutlich, dass es vor allem darauf ankommt, wie ein Erlebnis oder Ereignis von der jeweiligen Person aufgefasst und eingeordnet wird und welche Möglichkeiten es gibt, um damit umzugehen – ob es letztlich zu einer Traumatisierung kommt oder nicht. Genauer wird darauf in Punkt 4.1.3 eingegangen.

---

36 Michaela Huber: *1952, Psychologische Psychotherapeutin, Supervisorin und Ausbilderin in Traumabehandlung; 1. Vorsitzende der Deutschen Gesellschaft für Trauma und Dissoziation; Autorin.

4.1.2 Medizinische versus psychologische Verwendung des Begriffs

„Ursprünglich kommt der Traumabegriff aus dem Altgriechischen und bedeutet Verletzung oder Wunde." Im medizinischen Sinne würde sich dies auf die körperliche Verletzung beziehen (Scherwath & Friedrich, 2014, S. 17). Seit dem letzten Drittel des 19. Jahrhunderts schließt der Begriff allerdings auch psychische Phänomene mit ein. (Kühner, 2008, S. 33) Wird Trauma in diesem Sinne verwendet, spricht man von einem Psychotrauma. (Scherwath u.a., 2012, S.17)

Der Duden drückt es wie folgt aus: im medizinischen Sinne *„durch Gewalteinwirkung entstandene Verletzung des Organismus"*, im allgemeinen Sinne *„starke psychische Erschütterung, die im Unbewusstsein noch lange wirksam ist".* (Duden > Trauma)

Im medizinischen Sinne ist ein Trauma also eindeutig zu definieren, da es eine sichtbare Verletzung gibt. Bei einem Psychotrauma gibt es keine sichtbaren Wunden, was eine Definition bzw. eine Diagnose sehr viel schwieriger macht. Eine genaue Definition ist zudem auch deshalb problematisch, da der Begriff bei der Übertragung von einer körperlichen zu einer seelischen Verletzung zu einer Art Metapher geworden ist. (Kühner, 2008, S. 33f.) Angela Kühner[37] zitiert dazu Siegmund Freud:

---

37 Dr. Angela Kühner: Dipl.-Psychologin, Autorin; Interessenschwerpunkte sind die Interdependenz von Trauma und Gesellschaft, Migration sowie Perspektiven macht- und kultursensibler psychosozialer Versorgung; wissenschaftliche Vertretungsprofessorin für Methoden der qualitativen empirischen Sozialforschung an der Goethe Universität Frankfurt am Main.

> *„Aus der ursprünglichen Wunde, die durch eine äußere Kraft verursacht wird, wird bei Freud ‚ein Erlebnis, welches dem Seelenleben innerhalb kurzer Zeit einen so starken Reizzuwachs bringt, dass die Erledigung oder Aufarbeitung desselben in normalgewohnter Weise missglückt, woraus dauernde Störungen im Energiebetrieb resultieren müssen'". (Freud S. zit. nach Kühner A., 2008, S. 34)*

Der größte Unterschied zwischen einem körperlichen und einem psychischen Trauma ist, dass ein körperliches Trauma, bei dem es sichtbare Verletzungen gibt, die Folge einer Krafteinwirkung ist, also ein Ergebnis bezeichnet. Bei einem Psychotrauma wird von einem Erlebnis oder Ereignis ausgegangen, was bedeutet, dass es sich um einen Prozess handelt und die Ursache einer Krafteinwirkung untersucht werden muss. (Scherwath u.a., 2014, S. 17; Kühner, 2008, S. 34f.)

4.1.3 Psychotrauma

Wenn es um Definitionen und später auch Diagnosen von Psychotraumata geht, wird häufig zuallererst im ICD 10 oder im DSM-5 nachgeschlagen. Hierbei handelt es sich um Standardwerke, bei denen eine internationale statistische Klassifikation von Krankheiten und verwandten Gesundheitsproblemen vorgenommen wird. Das ICD wird von der Gesundheitsorganisation WHO und das DSM wird von der American Psychiatric Accociaton herausgegeben. Die Nummern geben die jeweilige Auflage an. (American Psychiatric Accociation; WHO)

Im ICD 10 wird Trauma durch unterschiedliche Faktoren definiert. Zum einen, durch *„ein außergewöhnlich belastendes Lebensereignis"*, wodurch es dann zu einer Veränderung des Lebens und/oder zu einer *„anhaltend unangenehmen Situation"* kommt. Zum anderen ist die individuelle **Vulnerabilität** eines Menschen entscheidend, also seine Verletzbarkeit und seine Möglichkeiten mit den entsprechenden Lebensereignissen umgehen zu können (siehe 4.2.2. Risiko- und Schutzfaktoren). (DIMDI > F43 Reaktionen auf schwere Belastungen und Anpassungsstörungen)

Auch laut DSM-5 tritt eine Traumatisierung aufgrund einer *„Konfrontation mit einem traumatischen oder stressreichen Ereignis"* auf. (Falkai & Wittchen, 2015, S.361)

Trotzdem: *„Traumatisiert worden zu sein ist keine Störung oder Krankheit".* (Huber, 2012, S. 111) *„Den traumatisierten Menschen gibt es nicht".* (Scherwath u.a., 2012, S.10) Daher hat sich vor einiger Zeit ein erweitertes Traumaverständnis etabliert.

Lutz-Ulrich Besser[38] bezeichnet Traumata als:

> *„Ereignisse plötzlicher oder langanhaltender oder auch sich wiederholender objektiv und subjektiv erfahrener existenzieller Lebensbedrohung (…) die die emotionale oder soziale Existenz von uns bedrohen". (Besser, 2009, S.44)*

Und weiter als:

> *„„auswegslose Ereignisse, bei denen Menschen in die Schutzlosigkeit der ‚Traumatischen Zange‘ geraten‘". (Besser zit. nach Scherwath u.a., 2014, S.18)*

Dabei wird deutlich, dass es immer objektive Faktoren gibt, die zu einem Trauma führen können, entscheidend ist allerdings das subjektive Empfinden der Person, mit der gegebenen Situation umgehen zu können. Erst wenn der Mensch nach seinem subjektiven Empfinden eine Situation nicht mehr bewältigen kann und dadurch ein Gefühl von Hilflosigkeit und Schutzlosigkeit hervorgerufen wird, kann man von einer Traumatisierung sprechen. (Scherwath u.a., 2014, S. 18; Hipp, 2014, S.15)

Hier stellt sich die Frage, ob man nun von einem traumatischen Ereignis oder Erlebnis spricht, das mitverantwortlich für die Traumatisierung ist. Sowohl im ICD 10 als auch im DSM-5 wird von einem Ereignis ausgegangen. Wenn man allerdings das subjektive Emp-

---

38 Lutz-Ulrich Besser: Facharzt für Psychiatrie und Psychotherapie, Facharzt für psychotherapeutische Medizin, Facharzt für Kinder- und Jugendpsychiatrie, Gründer und Leiter des ZTPN (Zentrum für Psychotraumatologie und Traumatherapie Niedersachsen), Autor und Dozent.

finden miteinbezieht, wäre es richtiger von einem Erlebnis zu sprechen. Da in der Literatur beide Begriffe mehr oder weniger synonym gebraucht werden, werden auch hier im weiteren Verlauf beide Begriffe verwendet.

Michael Hipp[39] formuliert Trauma so:

> *„Ein Psychotrauma ist ein vitales Diskrepanzerlebnis zwischen bedrohlichen Situationsfaktoren und individuellen Bewältigungsmöglichkeiten, das mit Gefühlen von Hilf- und Schutzlosigkeit einhergeht und so eine dauerhafte Erschütterung von Selbst- und Weltverständnis bewirkt".*
> *(Hipp, 2014, S.15)*

Dabei ist es immer sehr schwer zu sagen, ob ein Trauma nun auf Grund der Schwere eines Ereignisses oder durch das Nichtvermögen einer Aufarbeitung ausgelöst wird. (Kühner, 2008, S.35; Hipp, 2014, S.15)

---

[39] Michael Hipp: Facharzt für Neurologie, Psychiatrie und Psychotherapie.

Der Begriff **„Traumatische Zange"** wurde von Michaela Huber kreiert. Er verdeutlicht sehr bildhaft was bei einem traumatischen Ereignis passiert.

Das Ereignis oder Erlebnis sorgt für ein Gefühl, mit der Situation nicht umgehen zu können. Die bis dahin funktionierenden Bewältigungsstrategien greifen nicht mehr. Der Mensch reagiert in solchen Momenten normalerweise instinktiv, sodass die Notfallprogramme Flüchten oder Kämpfen aktiviert werden. Können diese Überlebensstrategien nicht genutzt werden, gerät der betroffene Mensch in die traumatische Zange. (Huber, 2012, S.39ff.; Scherwath u.a., 2012, S. 19f.; Besser, 2009, S.44f.)

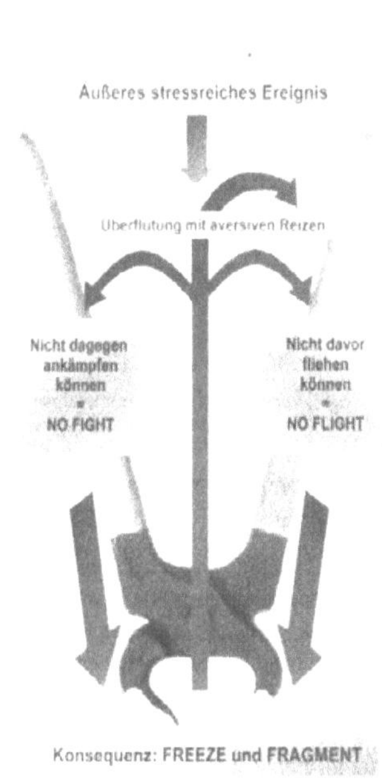

Abbildung: 7
Traumatische Zange von
Michaela Huber
© Michaela Huber

Wie die Redensart *„Der Schreck sitzt mir (noch) in den Knochen"* sehr deutlich macht, bleiben die eigentlich vorhandenen Impulse (zu fliehen oder zu kämpfen), im Körper gefangen, da es zur Freeze-Reaktion kommt:

„Freeze bedeutet einfrieren und kann als eine Art Lähmung verstanden werden, die bewirkt, dass der Mensch sich vom Geschehen innerlich distanzieren kann". (Scherwath u.a., 2014, S.20)

Neben der Distanzierung vom Geschehen kann es auch dazu kommen, dass das Erlebte nicht mehr räumlich oder zeitlich richtig eingeordnet werden kann. Hier wird von einem Fragmentierungsprozess gesprochen, wobei die einzelnen Ereignisse schon gespeichert werden, allerdings ohne oder mit falschen Zusammenhängen. (Huber, 2012, 43f.; Scherwath u.a., 2012, S. 20f.)

Sowohl bei der Freeze-Reaktion also auch bei der Fragmentierung kommt es zu einer Veränderung im Gehirn, um ein psychisches Überleben zu ermöglichen. Allerdings können die nicht ausgelebten Impulse im Gehirn nachhaltige Spuren hinterlassen und zu vielerlei Folgesymptomen führen. (Scherwath u.a., 2012, S.19f.)

Eine weitere Möglichkeit, auf traumatische Ereignisse/Erlebnisse zu reagieren, wenn weder Flucht noch Kampf möglich ist, ist die **Dissoziation.**

An sich ist der Prozess der Dissoziation etwas ganz Normales bzw. Alltägliches; der Mensch braucht die Dissoziation, um seine Umwelt wahrnehmen zu können, ohne permanent überfordert zu sein. (Huber, 2012, S.54f.) Dissoziation, während eines traumatischen Erlebnisses bzw. Ereignisses, meint *„einen ‚Prozess, durch den bestimmte Gedanken, Einstellungen oder andere psychische Aktivitäten ihre Relation zu anderen psychischen Aktivitäten bzw. zur übrigen Persönlichkeit verlieren, sich abspalten und mehr oder minder unabhängig funktionieren'"*. (Wilson zit. nach Kühner A., 2008, S.42)

Anke Kirsch[40] u.a. beschreiben Dissoziation als eine *„Aufteilung der Erfahrung. Elemente des Traumas sind nicht in ein einheitliches Ganzes oder ein einheitliches Selbst integriert".* (2011, S.16)

Dies hat zur Folge, dass Erlebnisse nicht mehr als zusammenhängende Erinnerungen abrufbar sind und auch das Sprachzentrum nicht in der Lage ist, das Erlebte in Worte zu fassen. (Besser, 2009, S.45)

Ziel des Dissoziationsprozesses ist es, in einer Extremsituation trotzdem *„noch oder wieder handlungsfähig"* zu sein bzw. zu bleiben. (Huber, 2012, S.53f.)

Anders ausgedrückt wird Dissoziation in Extremsituationen als ein Gefühl beschrieben, bei dem sich Betroffene von ihren Körpern lösen und es einen Unterschied zwischen beobachtendem und erlebendem Ich gibt. (Kühner, 2008, S.42)

Dies ist wiederum eine Überlebensstrategie, die verhindert, die gesamte Tragweite der entsprechenden Situation zu erfassen. Dadurch kann es passieren, dass Betroffene erst einige Zeit später realisieren, was passiert ist, und erst dann von der *„Wucht des Traumas erfasst"* werden. (Kühner, 2008, S.43)

Allerdings wird das Erlebte nicht vergessen, sondern im episodischen Gedächtnis abgespeichert, *„so dass traumainduziertes Erleben auf den Körperebenen gespeichert bleibt und den Organismus belastet".* (Scherwath u.a., 2014, S.49)

---

40 Anke Kirsch: Autorin verschiedener Bücher zum Thema Trauma, keine weiteren Informationen gefunden.

Ein Trauma „*bedeutet vor allem für die betroffene Person eine massive Einschränkung ihrer emotionalen Lebensqualität*" (Scherwath u.a., 2012, S.11) und kann auch als „*Anschlag auf die Identität*" (Huber, 2012, S. 68) bezeichnet werden. So beschreibt auch Anna Freud[41] ein Trauma als „*innere Katastrophe, einen Zusammenbruch der Persönlichkeit aufgrund einer Reizüberschwemmung, die die Ich-Funktion und die Vermittlungstätigkeiten des Ichs außer Kraft [setzen]*". (Freud A. zit. nach Kühner, 2008, S. 37)

Kühner merkt hier weiter an, dass sich ein Trauma nur dadurch definieren lässt, dass etwas zurückbleibt. Damit ist eine Diagnose nur retrospektiv möglich. (Kühner, 2008, S.36)

Im Folgenden soll aufgezeigt werden, wodurch ein Trauma entstehen kann. Dazu werden mögliche Ursachen und Risiko- bzw. Schutzfaktoren erläutert.

---

41 Anna Freud; *1895 †1982; Tochter von Siegmund Freud und ebenfalls Psychoanalytikerin.

4.2 Entstehung

Ob es zu einer Traumatisierung kommt oder nicht, hängt sowohl von den Umständen der Situation als auch vom Individuum ab. Im Folgenden werden einige Situations-, Risiko- und Schutzfaktoren aufgezeigt.

4.2.1 Ursachen – Situationsfaktoren

Bei der Entstehung eines Traumas kann man zwischen verschiedenen Situationsfaktoren unterscheiden. Corinna Scherwath und Sibylle Friedrich differenzieren hier zwischen Dauer und Intensität, Plötzlichkeit und Heftigkeit, Natur-/Technikkatastrophen und Beziehungstrauma, mittelbare und unmittelbare Betroffenheit sowie Verlusterfahrung. (Scherwath u.a., 2014, S. 45ff.)

4.2.1.1 Dauer und Intensität

Über Dauer und Intensität sagen Corinna Scherwath und Friedrich:

> *„Grundsätzlich kann man davon ausgehen, dass sich wiederholende oder langandauernde bedrohliche Situationsfaktoren ein höheres Risiko für eine Traumatisierung bergen als einmalige Ereignisse."* (Scherwath u.a., *2014, S. 45*)

Michaela Huber erklärt weiter, dass *„ein länger dauerndes Ereignis potentiell einen schwereren Schaden anrichtet als eines, das innerhalb von wenigen Sekunden vorbei ist".* (Huber, 2012, S.75)

Deshalb unterscheidet man zwischen Monotrauma, Multitrauma und Sequenzieller Traumatisierung. Dabei ist der Schweregrad einer Traumatisierung ansteigend, wobei die Dauer und Intensität auch das Ausmaß und die möglichen Traumafolgestörungen mit beeinflussen. (Scherwath u.a., 2014, S. 45f.)

Unter einem **Monotrauma** *„versteht man ein einmaliges traumatisches Erlebnis wie beispielsweise einen Unfall"*. (Scherwath u.a., 2014, S.45)

Hingegen versteht man unter einem **Multitrauma** eine Traumatisierung, die aufgrund mehrerer traumatisierender Ereignisse stattgefunden hat. Diese haben untereinander keinen Zusammenhang, treten aber meist in einem kurzen Zeitraum hintereinander ein. Dabei kann es sein, dass das erste oder die ersten Ereignisse noch verarbeitet werden konnten, da es aber zu weiteren schicksalhaften Erlebnissen kommt, *„das Maß der eigenen Stresstoleranz"* überstiegen wird, was wiederum ein Gefühl der Hilflosigkeit erzeugt (s. Kapitel 4.1.3). (Scherwath u.a., 2014, S. 45)

Bei einer **Sequenziellen Traumatisierung** handelt es sich um ein langanhaltendes traumatisierendes Ereignis, was entweder immer wieder auftritt oder sich insgesamt über einen langen Zeitraum spannt. Dabei kann es auch vorkommen, dass sich Betroffene mit der Situation abgefunden haben, sich dann allerdings neue *„Abgründe"* auftun und somit erneut der Halt verloren geht. Auch ein Ausharren zwischen Bangen, Hoffen und erneuter Enttäuschung, wie etwa bei einer schweren Krankheit, kann eine solche Art der Traumatisierung auslösen. (Scherwath u.a., 2014, S. 45)

Ein Verständnis von Trauma in diesem Sinne bringt eine neue Dimension des Begriffes mit sich, da ein Trauma als ein Prozess gesehen wird, bei dem es mehrere Stationen gibt. Demnach wäre nicht die Heftigkeit eines Ereignisses, sondern die direkte Situation danach, also in was für einem Umfeld das Erlebte verarbeitet werden muss, entscheidend. (Kühner, 2008, S.42f.)

Michael Hipp unterscheidet ebenfalls verschiedene Trauma-Typen. Die von Scherwath und Friedrich als Monotrauma bezeichnete Art der Traumatisierung würde er als **Typ-I-Traumata** bezeichnen.
Typ-II-Traumata sind seiner Auffassung nach Traumata, die durch *„akzidentelle Ursachen wie lang andauernde Naturkatastrophen und technische Katastrophen"* hervorgerufen werden. Dies lässt sich nicht direkt mit dem von Scherwath und Friedrich beschriebenen Multitrauma gleichsetzen.
Sowohl bei einer Typ-I- als auch bei einer Typ-II-Traumatisierung kann es auch zu **interpersonellen Traumata** kommen. Diese werden z.B. durch *„sexuelle Übergriffe, kriminelle und körperliche Gewalt und ziviles Gewalterleben"* hervorgerufen. (Hipp, 2014, S.15) Dies meint, dass ein anderer Mensch die Situation hervorruft, die zur Traumatisierung führt.

Wie bei der Sequenziellen Traumatisierung beschrieben, sind sich wiederholende traumatische Situationen deutlich schwerer zu verarbeiten als einmalige. Michaela Huber weist weiter darauf hin, dass eine Verarbeitung und Integration von traumatischen Erlebnissen nur möglich ist, wenn diese abgeschlossen sind, also nicht mehr vorkommen. (Huber, 2012, S.76)

Erhalten Betroffene keine Hilfe in der akuten Situation bzw. danach, bei der Verarbeitung, oder sind sie immer wieder bis permanent traumatischem Stress ausgesetzt, kann es zu einer Chronifizierung von (Traumafolge-)Störungen kommen. (Krüger, 2014, S.44)

Michaela Huber differenziert noch genauer, wodurch die Intensität einer Traumatisierung bestimmt wird. Dies würde an dieser Stelle zu weit führen. (2012, S.75-82)

4.2.1.2 Plötzlichkeit und Heftigkeit

Tritt ein Ereignis vollkommen unerwartet auf oder ist dessen Intensität vorher nicht abschätzbar, kann es zu einer Art Schocktrauma kommen, da der oder die Betroffene von dem Ereignis überrumpelt wird und somit die Chancen, das Erlebte bewältigen zu können, minimiert sind. Zusätzlich fällt es meist schwer, das Erlebte logisch in den eigenen Lebenszusammenhang einzuordnen, was allerdings notwendig ist, um eine Verarbeitung möglich zu machen. Wenn das Erlebte nicht in bestehende Bedeutungsstrukturen integriert wird, kann ein bewusster Zugriff auf das Erinnerungsvermögen erschwert sein. (Scherwath u.a., 2014, S. 46; Kirsch A. u.a., 2011, S.15; Huber, 2012, S.76)

Michaela Huber meint diesbezüglich:

> *„Wer sich keinen Reim auf das Erlebnis machen kann, steckt hinterher in größeren Schwierigkeiten als jemand, der dem Ereignis möglichst rasch danach eine Bedeutung im Leben geben kann."* (Huber, 2012, S. 76)

Auch Siegmund Freud war der Ansicht, dass ein Trauma dadurch hervorgerufen wird, dass es in *„»kurzer Zeit« stattfindet und »so stark« ist"*, das es eine *„quantitative Überforderung"* hervorruft. (Freud S. zit. nach Kühner, 2008. S. 37)

4.2.1.3 Natur-/Technikkatastrophen versus Beziehungstrauma

Bei miterlebten Natur- oder Technikkatastrophen kommt es oft zu einem Vertrauensverlust in Bezug auf Natur oder Technik sowie den sicheren Rahmen, den sie durch ihre Gegebenheiten bieten. In solchen Situationen gibt es meist bestimmte Personen, die als Helfer_innen vor Ort sind, an die sich Betroffene wenden können, wo sie Unterstützung und Halt finden. Diese Tatsache hilft meist, das Erlebte schneller verarbeiten zu können und somit evtl. weniger stark traumatisiert zu werden. (Scherwath u.a., 2014, S. 47f.)

Kommt es dagegen zu einer Traumatisierung, die aufgrund von Handlungen anderer Mitmenschen ausgelöst wird, wiegt dies oft sehr viel schwerer und erhöht den Grad einer Traumatisierung. Scherwath u.a. schreiben:

> *„Je vertrauter ein Mensch dem anderen ist, je mehr Zuneigung er diesem gegenüber verspürt, je abhängiger er von ihm und je unmittelbarer die Bedrohung ist, desto schwerwiegender werden die Erschütterungen bleiben, die oft als langfristige Verunsicherungen oder Störungen im Bindungserleben und –verhalten der Betroffenen erhalten bleiben." (Scherwath u.a., 2014, S. 48)*

Bei einer solchen Art der Traumatisierung spricht man auch von Beziehungstrauma. (Scherwath u.a., 2014, S. 48; Huber, 2012, S.76f.)

Andreas Krüger[42] stellt dies sehr anschaulich in einer Tabelle dar:

Tabelle 1: Krüger, 2014, S.42

Ereignis	Wirkung
Naturkatastrophe (Flutkatastrophe, Stürme, etc.)	
Technische Unfälle (Unfälle, Brände, etc.)	**zunehmend** **traumatisch**
Menschliche Gewalt * außerfamiliäre Gewalt * innerfamiliäre Gewalt	

---

42 Andreas Krüger: *1964, Facharzt für Kinder- und Jugendpsychioatrie und Psychothera-pie mit dem Schwerpunkt Behandlung psychisch traumatisierter Kinder, Jugendlicher und ihrer Familie. Zusammen mit Luise Reddemann (s. S.105) entwickelte er das PITT-KID-Be-handlungsverfahren   (https://de.wikipedia.org/wiki/Andreas_Kr%C3%BCger_(Psychothe-rapeut))

4.2.1.4 Mittelbare versus unmittelbare Betroffenheit

Eine Person kann sowohl durch direktes Erleben eines schreck-
lichen Ereignisses als auch durch Miterleben solcher Situationen
traumatisiert werden. (Falkai u.a., 2015, S.373f.) Man spricht hier
von einer **indirekten Traumatisierung**. Indirekte Traumatisierungen
können weiter unterteilt werden in: Zuschauertrauma („Konfronta-
tion mit dem Trauma oder Tod anderer" S.58), **Sekundärtraumati-
sierung** (Therapeut_innen entwickeln Reaktionen ähnlich den Trau-
ma-Symptomen ihrer Patient_innen) und **transgeneratives Trauma**
(Scherwath u.a., 2014, S.56) (Kinder von Traumatisierten entwickeln
traumasymptomähnliche Reaktionen). (Kühner, 2008, S.58ff.)

Vor allem die Tatsache, dass es nicht möglich ist, direkten Einfluss
auf die Situation zu nehmen, sorgt hier für die Traumatisierung.
(Scherwath u.a., 2014, S.48)

Trotzdem kann man sagen, dass traumatische Erlebnisse, bei denen
Traumatisierte selbst direkte Opfer wurden und nicht nur Zuschau-
er_innen waren, sehr viel schwerer zu verarbeiten sind. Dies kann
damit zusammenhängen, dass der Körper bei direkter Betroffenheit,
eine höhere Betäubungsdosierung benötigt, um die entsprechende
Situation ertragen zu können. (Scherwath u.a., 2014, S.49)

4.2.1.5 Verlusterfahrung

Jeder Mensch kann Verlusterfahrungen aufgrund von Trennung von nahestehenden Personen ausgesetzt sein. In der Regel werden diese durch gewöhnliche Trauerprozesse verarbeitet. Liegt allerdings eine existenzielle Abhängigkeit in Bezug auf die abwesende Person vor und ist diese Trennung dann langanhaltend, erhöht sich das Risiko, durch diese Trennung traumatisiert zu werden. Auch der Umgang der Nahestehenden mit der jeweiligen Situation kann entscheidend sein, ob es zu einer Traumatisierung kommt oder nicht. Besonders Säuglinge und Kleinkinder gehören zur Risikogruppe einer solchen Traumatisierung. (Scherwath u.a., 2014, S.49f.)

4.2.2 Risiko- und Schutzfaktoren

Jeder Mensch hat individuelle Risiko- und Schutzfaktoren. Unter Risiko- und Schutzfaktoren versteht man diejenigen, die dazu führen, dass ein Mensch einem erhöhten Risiko ausgesetzt ist, traumatisiert zu werden, bzw. welche schützenden Faktoren ein Mensch aufweisen kann, um einer Traumatisierung zu entkommen.

Scherwath und Friedrich formulieren es so: die Schwere einer Traumatisierung hängt auch davon ab, *„auf welchen situativen und biografischen Boden ein traumatisches Ereignis oder traumatisierende Bedingungen treffen".* (Scherwath u.a., 2014, S.50) Dabei ist wichtig zu erwähnen, dass Risiko- und Schutzfaktoren immer einer gegenseitigen Wechselwirkung unterliegen und nie isoliert voneinander betrachtet werden können. Weiter ist auch zu berücksichtigen, dass weder Risiko- noch Schutzfaktoren klar zu benennen sind, es kommt immer auf den Kontext und das Individuum an. (von Hagen & Röper, 2007, S.18)

4.2.2.1 Risikofaktoren und Vulnerabilität

Unter Risikofaktoren werden Umstände verstanden, die die Wahrscheinlichkeit einer Traumatisierung mit Traumafolgestörungen erhöhen.

Zu den Risikofaktoren ist auch die Vulnerabilität zu nennen, die Verletzbarkeit eines Individuums. Dabei geht es in Hinsicht auf eine mögliche Traumatisierung vor allem um *„lebensgeschichtliche oder psychosoziale Umstände, die situationsverschlimmernd wirken"* können. Allerdings kann man nicht davon ausgehen, dass ein einzelner Risiko- oder Vulnerabilitätsfaktor ausschlaggebend dafür ist, ob es zu einer Traumatisierung kommt oder nicht. (Scherwath u.a., 2014, S.51) Es ist immer ein Zusammenspiel aller Faktoren – also die Situation selbst und wie das Individuum diese erlebt und verarbeitet.

Über mögliche psychosoziale und lebensgeschichtliche **Risikofaktoren** sind sich viele Autoren einig. Zu nennen sind vor allem (Scherwath u.a., 2014, S.51):
>> Niedriger sozial-ökonomischer Standard/Armut
>> Geringe soziale Einbindung und Unterstützung
>> Dysfunktionale Familienstrukturen
>> Trennungs- /Verlusterlebnisse in der Vorgeschichte
>> Psychische Erkrankungen und Sucht in der Familie

Weiter nennen Scherwath und Friedrich zwei **Vulnerabilitätsfaktoren**: *Reife* und *Unsichere Bindung.*

Reife als Vulnerabilitätsfaktor ist dahingehend zu verstehen, dass je jünger ein Mensch ist, desto höher ist die Wahrscheinlichkeit, dass ein *„Ereignis größer als er selbst"* ist. Auch werden mögliche Handlungskompetenzen, wie mit Situationen umgegangen werden kann, erst im Laufe des Lebens erlernt. Dies bedeutet, dass es notwendig ist, bei einer Anamnese alle Lebensabschnitte mitzuberücksichtigen, um so mögliche Trauma-Ursachen erkennen zu können. (Scherwath u.a., 2014, S.52)

Wie schon in 4.2.1. erwähnt, können Trennungen oder der Verlust von nahen Angehörigen zu einem Trauma führen. Eine unsichere Bindung hingegen kann ebenfalls ein Vulnerabilitätsfaktor sein, also mit dazu beitragen, dass es zu einer Traumatisierung kommt:

> *„Sichere Bindungen stellen einen festen und soliden Boden der Gesamtentwicklung dar, der auch in stürmischen Zeiten nicht so leicht aufzuweichen ist". (Scherwath u.a., 2014, S.53)*

Sind diese nicht vorhanden, fehlen Ressourcen, durch welche es leichter wäre, Situationen zu bewältigen.

4.2.2.2 Schutzfaktoren und Resilienz

Neben den Risiko- und Vulnerabilitätsfaktoren sowie Situationsfaktoren hat jeder Mensch auch Schutzfaktoren, welche *„abwehrend, mildernd oder heilend Einfluss nehmen"* (Scherwath u.a., 2014, S.59) können:

> *„Als Schutzfaktoren werden diesbezüglich Prozesse, Eigenschaften und Bedingungen bezeichnet, die die Wucht von Belastungen abmildern können und Menschen nach einem Niederschlag in ihr eigentliches Gleichgewicht zurückbringen".*
> *(Scherwath u.a., 2014, S.58)*

Ein weiterer Begriff, der im Zusammenhang mit Schutzfaktoren genannt werden muss, ist **Resilienz.** Resilienz meint, im psychologischen Sinn, die psychische Widerstandskraft, die *„Fähigkeit, schwierige Lebenssituationen ohne anhaltende Beeinträchtigung zu überstehen".* (Duden > Resilienz) Bei der Resilienzforschung stehen vor allem die Ressourcen eines Menschen im Vordergrund, es wird *„nach Möglichkeiten gelingender Auseinandersetzung, nach heilenden Kräften gesucht, die in der Persönlichkeit des Kindes [bzw. des Menschen] selbst und/oder in der unterstützenden sozialen Umwelt liegen".* (Fooken & Zinnecker, 2007, S.7f.)

Der Grund nach diesen Fähigkeiten zu suchen, war *„das Phänomen, dass manche Personen trotz vielfältiger Risikofaktoren bzw. anhaltenden extremen Stressbedingungen keine psychischen Störungen entwickeln bzw. in der Lage sind, sich vergleichsweise schnell von traumatischen Erfahrungen (...) zu erholen".* (von Hagen u.a., 2007, S.15)

Durch die Resilienzforschung wurde ein Schutzfaktorenkonzept entwickelt, bei welchem unterschieden wird in:

>> Personale Faktoren

>> Eigentliche Resilienzfaktoren

>> Umgebungsbezogene Faktoren (Scherwath u.a., 2014, S.60)

Unter **eigentlichen Resilienzfaktoren** versteht man ein positives Selbstbild, Selbstwirksamkeitsüberzeugungen und die Ausbildung von optimistischen Grundhaltungen. (Scherwath u.a., 2014, S.60) Weiter gehört dazu eine Handlungs- und Problemlösungskompetenz. (Scherwath u.a., 2014, S.96)

Michaela Huber benennt soziale Unterstützung, kommunikative Kompetenz und ein kohärentes Weltbild als Schutzfaktoren. (Huber, 2012, S.82) Dabei ist auffällig, dass die kommunikative Kompetenz bei den genannten Faktoren der Resilienzforschung nicht auftaucht.

Gelingt es Schutzfaktoren zu *„installieren oder anzuregen"*, steigt die Wahrscheinlichkeit, dass traumatisierte Menschen ihre Erlebnisse besser verarbeiten bzw. besser bewältigen, und so im besten Fall gar nicht erst traumatisiert werden. (Scherwath u.a., 2014, S.60) Einen weiteren wichtigen Schutzfaktor stellen starke und funktionierende Beziehungen dar (s. Kapitel 4.4.3).

Schutzfaktoren sind in der Regel präventiv wirksam:

> *„Die Wirksamkeit dieser Schutzfaktoren [positives Selbstbild, Selbstwirksamkeits-überzeugungen und Handlungs- bzw. Problemlösekompetenz] kann präventiv definiert werden, weil sie einen Puffer gegenüber Risikofaktoren bilden*

kann. Gleichzeitig wird ihr Effekt aber auch akut und rehabilitativ betrachtet und kann hilfreich sein, um akutes traumatisches Belastungserleben abzumindern, und sich protektiv auf den Heilungsprozess einer Traumatisierung auswirken". (Scherwath u.a., 2014, S.96)

Kam es, trotz vorhandener Schutzfaktoren, zu einer Traumatisierung, kann dies zu unterschiedlichen Traumafolgestörungen führen. Im weiteren Verlauf sollen einige mögliche Traumafolgestörungen dargestellt werden.

4.3 Traumafolgestörungen

Ca. 30-60% aller Menschen erleben eine traumatische Situation. Davon leidet wiederum etwa ein Drittel an langfristigen Folgen. (Huber, 2012, S.67) Diese langfristigen Folgen werden allgemein als Traumafolgestörungen bezeichnet. Zum Teil wird auch übergreifend von Posttraumatischer Belastungsstörung gesprochen, diese ist allerdings nur eine Form von Traumafolgestörungen (s. 4.3.2 Differenzierung verschiedener Traumafolgestörungen).

Es gibt, laut Onno van der Hart[43], zwei generelle Möglichkeiten, wie es einem Menschen nach einer Traumatisierung geht, je nachdem, ob sie *„zu viel oder zu wenig von ihrem Trauma"* (Huber, 2012, S.9) erlebt haben. Weiter erklärt er:

> *„Wenn sie zu wenig davon erleben, dann versuchen sie, ihr alltägliches Funktionsniveau wiederzugewinnen und zu halten: Essen, Schlafen, Arbeiten, Kinder versorgen (...) Erleben sie jedoch zu viel von ihrem Trauma, dann ist es häufig, als wären sie wieder zurück in ihrem ursprünglichen Schrecken, so als fände das Ereignis gerade jetzt statt". (von der Hart, zit. nach Huber, 2007, S.9)*

Je nachdem, wie man ein Trauma verarbeitet und wie viel man von dem traumatischen Erlebnis wahrgenommen hat, kann es zu unterschiedlichen Symptomen kommen.

---

43 Onno van der Hart: Professor für Psychopathologie chonischer Traumatisierungen an der Abteilung für Klinische Psychologie der Universität Utrecht, Niederlande (http://onnovdhart.nl/)

4.3.1 Symptome

Wie bei der Begriffsbestimmung bereits erwähnt, kann man eine seelische Verletzung, die bei einer Traumatisierung vorliegt, von außen nicht sehen. Dies macht es schwer, ein Trauma zu erkennen und entsprechend damit umzugehen. (Krüger, 2014, S.45)

Ein Trauma kann durch sehr unterschiedliche Ursachen ausgelöst werden, welche wiederum unterschiedliche Symptome hervorrufen, die sowohl den sozialen, den emotionalen, den kognitiven als auch den sensorischen Bereich eines Menschen beeinflussen können. (Scherwath u.a., 2014, S.23)

Michaela Huber fasst mögliche Erstreaktionen sehr anschaulich zusammen in: Verstörung, Nichts-mehr-Fühlen, Nichts-mehr-Spüren und Nichts-mehr-Wissen. (Huber, 2012, S.68)

Zu den klassischen Symptomen eines Traumas gehören *„Verstörung, sich betäubt fühlen, Unruhe, Schlafstörungen oder kurzfristige Amnesie".* (Scherwath u.a., 2014, S.23) Weitere Auffälligkeiten können sein: Aggressivität, Probleme in der Aufmerksamkeitsregulation, selbstverletzendes Verhalten, Panikanfälle, Angstzustände, Leistungs- und Beziehungsstörungen, somatische Beschwerden sowie motorische Unruhe. (Scherwath u.a., 2014 S. 42f; Besser, 2009, S.46) Auch ein absoluter Verlust der Handlungsfähigkeit kann durch ein Trauma ausgelöst werden. (Kühner, 2008, S.37)

Nach dem DSM-5 sind *„Unfreiwillige Erinnerung an das Trauma (z.B. Flashbacks), Verleugnungs- und Vermeidungssymptome (z.B. Vermeidung von Hinweisreizen) und Erregung (z.B. Hypervigilanz)"* (Kühner, 2008, S.39; vgl. Falkai u.a., 2015, S.374f) mögliche Symptome eines Traumas.

Generell lassen sich zwei große Gruppen von Symptomen unterscheiden: **„Intrusion"** (Heimsuchungssymptome) und **„Denial"** (Verleugnungssymptome).

Intrusion beinhaltet *„sich aufdrängende Gedanken, die bis zur zwanghaften Beschäftigung mit dem Erlebnis führen, Alpträume, sogenannte Flashbacks und andauernde Erregungszustände".* (Kühner, 2008, S. 40f.)

Denial hingegen meint *„psychische Lähmung, Erstarrung sowie emotionale Taubheit".* (Kühner, 2008, S. 41)

Da diese Symptome nicht ausschließlich bei einer Traumatisierung vorkommen, ist es wichtig, zwar sensibel damit umzugehen und ein traumatisches Ereignis als mögliche Ursache im Hinterkopf zu haben, allerdings sollte mit einer entsprechenden Diagnose nicht vorschnell umgegangen werden. Es ist immer wichtig den Menschen im Ganzen zu sehen und eine umfangreiche Anamnese durchzuführen, bevor eine Diagnose gestellt wird. (Scherwath u.a., 2014, S. 43)

Auch kann es sein, dass Symptome erst verzögert auftauchen. Dies kann der Fall sein, wenn Betroffene nach einem traumatischen Erlebnis in eine stabile und sie unterstützende Umwelt zurückkehren oder das Ausmaß des Erlebten noch nicht erkannt wurde (vgl. 4.1.3 Psychotrauma > Dissoziation). Hier spricht man davon, dass das Trauma *„über einen kürzeren oder längeren Zeitraum »latent« bleibt".* (Kühner, 2008, S.43f.)

Bei der Symptombestimmung ist es aufgrund von Komorbidität immer wieder schwer zu sagen, welche Symptome nun tatsächlich auf ein Trauma zurückzuführen sind. So sagt Hipp:

„Neben der traumaassoziierten Grunderkran-
kung können im Sinne der Mehrfachdiagnosen
fast alle psychischen Störungen vorkommen".
(2014, S.16)

Auf diese Tatsache wird auch im DSM-5 hingewiesen. (Falkai u.a., 2015, S.382)

Dies erschwert die genaue Diagnose und es kann sein, dass unterschiedliche Ärzte unterschiedliche Diagnosen aussprechen würden. Vor allem in Hinblick auf eine mögliche Behandlung ist die Diagnose von entscheidender Wichtigkeit.

Deutlich von einer Traumatisierung abzugrenzen sind intensive Gefühle wie z.B. Neid, Ärger oder Wut, die durch Erlebnisse hervorgerufen werden wie etwa Enttäuschung bei Zurückweisung, Frustrationen oder auch erlernte Beziehungsmuster. (Scherwath u.a., 2014, S.43f.)

4.3.2 Differenzierung verschiedener Traumafolgestörungen

Nicht nur eine Definition, sondern auch eine Differenzierung zwischen verschiedenen Traumafolgestörungen, ist sowohl im ICD 10 als auch im DSM-5 beschrieben.

Auf den ersten Blick wird im ICD-10 dabei in *akute Belastungsreaktion (F43.0), Posttraumatische Belastungsstörung (F43.1 – PTBS), Anpassungsstörung (F43.2), sonstige Reaktionen auf schwere Belastung (F43.8) und Reaktion auf schwere Belastung, nicht weiter bezeichnet (F43.9)* unterschieden (DIMDI > Reaktionen auf schwere Belastungen und Anpassungsstörungen).

Im DSM-5 findet man unter der Überschrift „Trauma- und belastungsbezogene Störungen" folgende Unterscheidung: *Reaktive Bindungsstörung (F94.1), Beziehungsstörung mit Enthemmung (F94.2), Posttraumatische Belastungsstörung (F43.10), Akute Belastungsstörung (F43.0), Anpassungsstörung (keine Nummer angegeben) sowie Andere Näher Bezeichnete Trauma- und Belastungsstörungen (F43.8) und Nicht Näher Bezeichnete Trauma- und Belastungsstörungen(F4 3.9).* (Falkai u.a., 2015, S. 361ff.)

Schaut man allerdings genauer hin, können auch „*dissoziative Störungen (F44.0-44.9), andauernde Persönlichkeitsstörungen nach Extrembelastung (F62.0), traumaassoziierte Störungen (Depression, Angst, Sucht, Somatisierung, Essstörungen), die emotional instabile Persönlichkeitsstörung vom impulsiven Typ (F60.30) und Borderline-Typ (F60.31) zu Traumafolgestörungen*" (Hipp, 2014, S.16) als Traumafolgestörungen gesehen werden.

Wie viele aktive Traumatherapeut_innen sind Corinna Scherwath und Dr. Sibylle Friedrich der Meinung, dass diese Klassifizierung nicht ausreicht, um die gesamte *„Spannbreite der durch Traumatisierungen verursachten Symptome und Phänomene erfassen"* (Scherwath u.a., 2014, S. 22) zu können. Aus diesem Grund benennen sie in ihrem Buch „Soziale und pädagogische Arbeit mit Traumatisierung" neben der *Akuten Belastungsreaktion* und der *Posttraumatischen Belastungsstörung,* außerdem die *Komplexe Posttraumatische Belastungsstörung* (DESNOS) und das *Entwicklungstrauma.* (Scherwath u.a., 2012, S.23ff.)

Michaela Huber zeigt weiter auf, dass auch die Borderline-Störung als eine dissoziative Störung und somit als eine Traumafolgestörung gesehen werden kann. (2012, S.145f.)

Da eine ausführliche Darstellung aller möglichen Traumafolgestörungen an dieser Stelle zu weit führen würde, wird an dieser Stelle ausschließlich auf die Akute Belastungsreaktion, die PTBS, die DESNOS, die Anpassungsstörung und das Beziehungstrauma eingegangen.

4.3.2.1 Akute Belastungsreaktion

Zu den klassischen Symptomen eines Traumas gehören:

> *„Verstörung, sich betäubt fühlen, Unruhe, Schlaf-störungen, oder kurzfristige Amnesie". (Scher-wath u.a., 2014, S.23)*

Von einer Akuten Belastungsstörung spricht man in der Regel, wenn die entsprechenden Symptome während eines belastenden Ereignisses bzw. einer traumatisierenden Situation auftauchen, allerdings mehrere Stunden bis Tage später wieder verschwinden. Dies ist meist dann der Fall, wenn Betroffene die Möglichkeit haben, die Situation mit Hilfe einer der Notfallreaktionen (Flucht oder Kampf) zu bewältigen. (Scherwath u.a., 2014, S.23)

4.3.2.2 Posttraumatische Belastungsstörung

Bei der in der deutschen Sprache bezeichneten Posttraumatischen Belastungsstörung handelt es sich um eine Stressverarbeitungs-Störung, weshalb die englische Bezeichnung Post-Traumatic Stress Disorder weitaus passender ist. (Huber, 2012, S.22) Dennoch wird im weiteren Verlauf die deutsche Bezeichnung bzw. Abkürzung Verwendung finden.

„Etwa ein Drittel aller Erwachsenen leiden nach einer traumatischen Erfahrung an einer Posttraumatischen Belastungsstörung (PTBS)". Bei Kindern und Jugendlichen im deutschsprachigen Raum liegen die Zahlen zwischen 1,6 und 4,2%. (Krüger, 2014, S.43)

Nach Michaela Huber gibt es drei Hauptmerkmale/-symptome für PTBS: *„quälendes Wiedererleben von traumatischen Sequenzen, Übererregungs- und Vermeidungssymptome".* (Huber, 2012, S.23) Andreas Krüger nennt noch weitere assoziierte Symptome, allerdings sind diese Störungszeichen nicht traumaspezifisch. Da sie aber häufig mit auftreten, werden sie mit aufgeführt. (Krüger, 2014, S.46ff.) Lutz Besser nennt außerdem die Gefühllosigkeit als ein Symptom für eine PTBS. (Besser, 2009, S.46)

Von einer PTBS spricht man, wenn die Symptome nicht durch Selbstheilungsprozesse des Körpers bewältigt werden können, sondern sich stattdessen intensivieren und schlimmer werden. Die Zeitspanne, ab wann eine PTBS diagnostiziert werden kann, variiert je nach Literatur. Scherwath und Friedrich gehen von vier Wochen aus, Huber hingegen spricht von einem „Cut-off-Wert" von drei Monaten. (Scherwath u.a., 2014, S.23; Huber, 2012, S.22)

Es ist auch möglich, dass der Organismus eine Situation scheinbar verarbeiten konnte und sich Symptome zurückbilden. Sollte dies allerdings nicht der Fall sein und der Körper hat die Erinnerungen stattdessen abgespaltet oder weil verdrängt, kann es zu einer verzögerten PTBS bzw. „late onset PTSD" kommen. (Scherwath u.a., 2014, S.24; Huber, 2012, S.70)

Besonders nach *„lang anhaltenden oder wiederholten interpersonellen Bedrohungen"* ist das Risiko, eine PTBS als Traumafolgestörung zu entwickeln, erhöht. (Hipp, 2014, S.15f.)

4.3.2.3 Komplexe Posttraumatische Belastungsstörung

Als weitere Differenzierung nennt Michaela Huber die *Komplexe Posttraumatische Belastungsstörung,* auch unter der Abkürzung DESNOS (Disorder of Extreme Stress Not Otherwise Specified) bekannt. (Huber, 2012, S.23) Da dies eine spezielle Form der PTBS ist, vermutet Huber, dass in der neuen Ausgabe des DSM (DSM-5) diese extra aufgeführt wird. Dies ist allerdings nicht der Fall. (Falkai u.a., 2015, S.361ff.)

Eine DESNOS entsteht meist aus einer chronischen PTBS und weist zusätzlich zu den genannten Symptomen *„Probleme mit der Regulation von Gefühlen, Selbstbeschädigung/Selbstverletzung, chronische Empfindungen von Sinn- und Hoffnungslosigkeit bis hin zu immer wiederkehrenden Suizidgedanken oder -impulsen"* auf. (Huber, 2012, S.23)

4.3.2.4 Anpassungsstörung

Im ICD 10 wird die Anpassungsstörung im selben Kapitel wie Akute Belastungsstörung, PTBS etc. aufgeführt. Aus diesem Grund wird sie hier auch als eine mögliche Traumafolgestörung erwähnt. Dabei erleiden die Betroffenen *„Zustände von subjektiver Bedrängnis und emotionaler Beeinträchtigung, die im allgemeinen soziale Funktionen und Leistungen behindern".* Die Anpassungsstörung tritt nach belastenden Ereignissen auf, die entweder im sozialen Netz aufgetreten sind (z.B. Todesfall) oder das *„weitere Umfeld sozialer Unterstützung oder soziale Werte"* beeinflussen. Auch in Folge von einschneidenden Entwicklungsschritten im Leben kann es zu Anpassungsstörungen kommen. (DIMDI > F 43.2 Anpassungsstörungen)

Wie auch bei den anderen Traumafolgestörungen können die Symptome sehr unterschiedlichen ausfallen. In der Regel leiden die Betroffenen unter depressiver Stimmung, Angst und Sorge. (DIMDI > F 43.2 Anpassungsstörungen)

Oft wird eine Anpassungsstörung diagnostiziert, wenn nicht alle Kriterien für eine PTBS vorliegen. (Falkai u.a., 2015, S.380)

4.3.2.5 Entwicklungstrauma/Entwicklungs-Traumastörung

Die Entwicklungstraumata sind ebenfalls eine Form von komplexer Posttraumatischer Belastungsstörung, die bei Kindern und Jugendlichen aber in der Regel als Entwicklungstrauma betitelt wird. (Scherwath u.a., 2014, S.30; Krüger, 2014, S.44)

Durch die Verwendung dieses neuen Begriffs (es ist kein offizieller Begriff, er ist weder im ICD-10 noch im DSM-5 zu finden) wird der Tatsache Rechnung getragen und wird allein in der Bezeichnung sichtbar, welche weitreichenden Folgen eine derartige Traumatisierung haben kann. (Krüger, 2014, S.44) Bisher wurde oft nur eine allgemeine Entwicklungsstörung diagnostiziert.

Nach Scherwath und Friedrich *„werden als Entwicklungstraumata Prozesse charakterisiert, die sich infolge einer tiefgreifenden Schädigung der Gesamtentwicklung des Kindes durch Vernachlässigung sowie emotionale und physische Gewalteinwirkungen entwickeln".* (Scherwath u.a., 2014, S.30)

Wenn Kinder schon in ihrem jungen Leben mit Extremsituationen umgehen müssen, hat das großen Einfluss auf ihre gesamte Entwicklung. (Krüger, 2014, S.44) Sie bekommen evtl. niemals die Möglichkeit, aus ihrem Notfallprogramm auszusteigen und sind somit permanent in „Hab-Acht-Stellung". Dies sorgt meist für eine sehr unstabile Persönlichkeit und macht es ihnen sehr schwer, sich in der Gesellschaft zurecht zu finden. (Scherwath u.a., 2014, S.31f.)

Unabhängig davon, welche Auswirkungen eine Traumatisierung auf den jeweiligen Menschen haben kann, gibt es Unterstützungsmöglichkeiten zur Bewältigung eines Traumas. Im Folgenden sollen einige Möglichkeiten aufgezeigt werden.

4.4 Unterstützungsmöglichkeiten zur Bewältigung

Wenn man in Kontakt mit Betroffenen tritt, sei es durch einen Beratungskontext innerhalb einer sozialen Einrichtung oder in einer akuten Notsituation, ist oft nicht direkt ersichtlich oder bekannt, ob bei dem Menschen eine Traumatisierung vorliegt. Oft entsteht in Folge eines Gesprächs und/oder der Problemschilderung ein erster Verdacht, dass eine Traumatisierung vorliegen könnte. (Krüger, 2014, S.48)

Nachfolgend werden unterschiedliche Möglichkeiten aufgezeigt, was nach einer Traumatisierung gemacht werden kann, bzw. was notwendig ist. Diese sind sowohl allgemein gefasst, um darauf hinzuweisen, was in akuten Situationen wichtig ist, als auch professionell (therapeutisch und sozialpädagogisch) erläutert.

4.4.1 Genereller Umgang – allgemeine Möglichkeiten

Weiß[44] macht deutlich:

> *„Menschen (...) brauchen für ihre Traumabe-arbeitung[45] mehr als therapeutische, päda-gogische, psychiatrische und ärztliche Unter-stützung. Sie brauchen einen Raum stabiler Beziehungen, sozialer Teilhabe und einer Gesell-schaft und Politik, die bereit sind, sich mit den Ursachen von Gewalt auseinanderzusetzen".*
> *(Weiß, 2009, S.13)*

Für die Bewältigung eines Traumas können soziale Unterstützung, positive Beziehungen und „heilende Gemeinschaft" von entschei-dender Bedeutung sein. (Kühner, 2008, S.41; Weiß, 2009, S.14f.)

Wenn man Trauma als eine Prozess ansieht (s. 4.2.1.1 Dauer und Intensität > Sequenzielle Traumatisierung), darf auch bei dem Ver-such, den Betroffenen zu helfen, nicht ausschließlich auf die trau-matisierende Situation als solche geschaut werden. Es muss ebenso die Zeit danach mitberücksichtigt werden. Dadurch werden alle, die in Kontakt zu Traumatisierten stehen, mit in die Verantwortung ge-nommen. (Kühner, 2008, S. 43)

Traumata haben in der Regel immer Auswirkungen auf zwischen-menschliche Beziehungen, auch auf die zu den Helfer_innen. Da in

---

44 Wilma Weiß: Leitung des Zentrums für Traumapädagogik der Welle in Hanau und Autorin des wichtigen Buchs: „Philipp sucht sein Ich. Zum pädagogischen Umgang mit Traumata in den Erziehungshilfen"

45 „Traumabearbeitung ist die Bearbeitung des Traumas durch den Betroffenen, Trauma-arbeit ist die Unterstätzung des Helfenden" (Weiß, 2009, Se. 13)

der traumatisierenden Situation oft gelernt wurde, zu misstrauen, wird sich dieses Verhalten zu Beginn auch gegenüber Helfer_innen einstellen. (Kühner, 2008, S.53)

Michaela Huber stellt in ihrem Buch „Trauma und die Folgen. Trauma und Traumabehandlung", *„fünf grundlegende Elemente, mit deren Hilfe Bezugspersonen eine sichere Bindung in ihren schutzbefohlenen Kindern fördern können"* (Huber, 2012, S.107) vor. Diese wurden von Dr. Daniel Sigel[46] entwickelt und lassen sich auch auf Erwachsene übertragen. Die fünf Elemente sind: Wechselseitige Einstimmung, Reflexiver Dialog, „Reparieren" und Anknüpfen nach unterbrochener Kommunikation, Kohärente Geschichten und Emotionale Kommunikation. (Huber, 20012, S.108f.)

Für Scherwath und Friedrich ist wichtig:

> *„Die Arbeit mit traumatisierten Menschen sollte insofern darauf ausgerichtet sein, für die Basisbedürfnisse des Körpers zu sensibilisieren und zu sorgen".* (2014, S.107)

Zu den Basisbedürfnissen des Menschen gehören Schlaf, Bewegung und eine gesunde Ernährung.

Wie bereits in Kapitel 4.3.1 beschrieben, leiden viele traumatisierte Menschen unter Schlafmangel. Ausreichend Schlaf ist allerdings eine wichtige Voraussetzung, damit sich der Mensch wohlfühlen kann. Aus diesem Grund ist es wichtig, mit den Betroffenen Möglichkeiten zu finden, wie ihr Schlaf verbessert werden kann. (Scherwath u.a., 2014, S.108)

---

46 Dr. Daniel Sigel: *1957, Psychiater, Autor, Professor für Psychiatrie an der UCLA School of Medicin and Executive Director of the Mindsight Institute.

Es wurde außerdem beschrieben (s. Kapitel 4.1.3), dass der menschliche Körper aufgrund einer Traumatisierung Erstarrungs- und Lähmungsreaktionen zeigen kann. Eine Möglichkeit, um den Schock, der womöglich noch in den Knochen sitzt, zu lösen, ist Bewegung:

> *„Alles, was also Bewegung schafft, kann insofern als heilsam angesehen werden. Aktivitäten, die Bewegung beinhalten (joggen, tanzen, spazierengehen, Rad fahren, schwimmen), und Angebote zu Verbesserung der Körperwahrnehmung (Progressive Muskelentspannung, Pilates, Qi-Gong, aber auch ein warmes Bad oder eine Massage) bauen Stress ab und schaffen auf der somatischen Ebene günstige Voraussetzungen für psychische Prozesse". (Scherwath u.a., 2014, S.108)*

Um eine Verstärkung von negativen psychischen Zuständen zu vermeiden, ist weiterhin auf eine gesunde und vor allem regelmäßige Ernährung zu achten. Hier ist es wichtig, das Essen nicht als Zwang erlebt wird. Gut kann man daraus ein gemeinsames, positives Erleben werden lassen, welches gerne gemacht wird. (Scherwath u.a., 2014, S.108)

4.4.2 Therapeutische Möglichkeiten

Liegt ein Verdacht für eine Traumatisierung oder eine Traumafolge-
störung vor, gibt es unterschiedliche therapeutische Möglichkeiten,
um den Betroffenen zu helfen.

Um therapeutische Hilfemaßnahmen zu ermöglichen, ist *„eine prä-
zise diagnostische und prognostische Einschätzung"* (Huber, 2012,
S.13) sehr wichtig. Luise Reddemann[47] geht sogar noch weiter und
sagt:

> *„Darüber hinaus kann eine nicht trauma-ad-
> aptierte Therapie bei einem traumatisierten
> Menschen viel Unheil anrichten, dessen Leiden
> verlängern und die Therapie verzögern". (Redde-
> mann zit. nach Huber, 2012, S.13)*

Es gibt sehr unterschiedliche Möglichkeiten, therapeutisch ein Trau-
ma aufzuarbeiten. Dabei sind *„die klassischen Stufen der Trauma-
verarbeitung, wie sie in den meisten Ansätzen [moderner] (...) Trau-
matherapien beschrieben werden – Stabilisierung, Konfrontation
und Integration".* (Scherwath u.a., 2014, S.120)

Die verschiedenen Therapieformen (z.B. Traumafokussierte kogni-
tiv-behaviorale Therapie, Psychoimaginative Traumatherapie, ko-
gnitive Verhaltenstherapie, EMDR, Psychodynamische Verfahren,
gesprächspsychotherapeutische Behandlung, Systemischer Ansatz,
Ego-State-Therapie, Gruppentherapie, Pharmakotherapie u.a.)

---

47 Luise Reddemann: *1943; u.a. Psychoanalytikerin und Mitentwicklerin der PITT
(Psychodynamischen Imaginativen Traumatherapie); Honorarprofessorin für Psychotrau-
matologie und psychologische Medizin an der Universität in Klagenfurt (http://luise-red-
demann.de/home/)

unterscheiden sich in der Herangehensweise sowie in dem ihnen zugrundeliegendem Menschenbild. (Seidler u.a., 2011, S.563-706) Weiter *„unterscheiden sich die Ansätze darin, inwieweit sie den Schwerpunkt auf die Stabilisierungs- oder Expositionsphase innerhalb des therapeutischen Prozesses legen – wobei grundsätzlich alle Richtungen die Dreiteilung des Therapieprozesses in die Phasen der Ressourcenaktivierung/ Stabilisierung, der Traumabearbeitung/-exposition und der biografischen Traumaintegration kennen"*. (Scherwath u.a., 2014, S.169)

In dem Buch „Herausforderung Trauma", das von Marita Krist u.a. herausgegeben wurde, finden sich außerdem viele Möglichkeiten, speziell mit traumatisierten Kindern und Jugendlichen therapeutisch zu arbeiten. (Krist u.a., 2014) Auch Corinna Scherwath und Sibylle Friedrich stellen in ihrem Buch „Soziale und pädagogische Arbeit mit Traumatisierung" einige Therapieformen genauer dar. (Scherwath u.a., 2014, S.172ff.)

Heutzutage erleben Betroffene immer wieder, dass die Gesellschaft von traumatisierenden Ereignissen nichts wissen möchte. (Huber, 2012, S.9) Aus diesem Grund kann eine Trauma-Diagnose wichtig sein. Dadurch wird das erlebte Leid der Betroffenen anerkannt. (Kühner, 2008, S.81) Andererseits kann es auch passieren, dass Betroffene das Gefühl haben, ihr Leid würde nicht ausreichend Beachtung finden, wenn es zu einer doch sehr allgemeinen Diagnose wie „Trauma" kommt. (Kühner, 2008, S.85) Da es häufig zu gängigen Diagnosen wie Depression oder Angststörung kommt, welche in der Gesellschaft anerkannt sind, wird die Tragweite dessen, inwieweit Betroffene belastet bzw. eingeschränkt sind, nicht sichtbar und somit auch weiterhin tabuisiert. (Hipp, 2014, S.16)

Scherwath und Friedrich berichten:

4.4.3 Sozialpädagogische Möglichkeiten

Seit einigen Jahren wird das Thema „Trauma" auch im pädagogischen Setting integriert und mit berücksichtigt. Dabei geht es in dem Arbeitsfeld meist um Begleitung und Unterstützung, was auch bei einer Traumatisierung sehr wichtig sein und zur Weiterentwicklung eines Individuums beitragen kann. Allerdings steht traumaorientiertes Arbeiten in sozialpädagogischen Feldern in vielerlei Hinsicht noch ganz am Anfang. (Scherwath u.a., 2014, S.10f., S.15)

Soziale Arbeit setzt hier vor allem bei der Stabilisierung an. Zusätzlich gibt es drei Felder, in dem sozialpädagogisches Handeln anknüpft: Psychoedukation, Enttabuisierung und Biographiearbeit. (Scherwath u.a., 2014, S.120) Des Weiteren machen Scherwath und Friedrich darauf aufmerksam:

> *„Gerade im Zusammenhang mit Traumatisierung gewinnt das Verständnis von Sozialer Arbeit als Menschenrechtsprofession an besonderer Bedeutung". (Scherwath u.a., 2014, S.13)*

Wie schon erwähnt, kann eine Diagnose sehr wichtig sein, sowohl für die Betroffenen selbst als auch für die HelferInnen (s. Kapitel 4.4.2). Sozialpädagog_innen sind nicht befugt, Diagnosen zu stellen. Trotzdem sollten sich Fachkräfte, die mit möglicherweise traumatisierten Menschen arbeiten, über mögliche Anzeichen (s. Kapitel 4.3) informieren und in der Lage sein, diese zu erkennen, um einen ersten Eindruck gewinnen und ggf. einen Verdacht äußern zu können, welchem dann durch Fachpersonal nachgegangen werden kann. Um dies zu erleichtern, gibt es inzwischen auch testpsychologische Verfahren. (Krüger, 2014, S.50f.)

Corinna Scherwath und Sibylle Friedrich stellen in ihrem Buch fest:

> *„Praktische Erfahrungen der letzten Jahre haben gezeigt, dass für Menschen mit traumabasierten Symptomatiken nicht nur veränderte psychotherapeutische Zugänge notwendig waren, sondern auch ebenso neue pädagogische Pfade eingeschlagen werden mussten, um eben diejenigen zu erreichen, die allzu oft durch die Maschen des Hilfesystems fallen, weil sie scheinbar nicht tragbar oder hilferesistent sind".* *(Scherwath u.a., 2014, S.13)*

Aus diesem Grund hat sich in den letzten Jahren auch die eigenständige Fachdisziplin der **Traumapädagogik** entwickelt. (Bausum u.a., 2009, S.9) Dabei beschränkt sich die traumapädagogische Arbeit heutzutage nicht mehr ausschließlich auf Einrichtungen der stationären Jugendhilfe, sondern kommt in *„vielfältigen Arbeitsfeldern zum Einsatz".* (Bausum u.a., 2009, S.7) Bei dem Begriff **Traumapädagogik** handelt es sich vor allem um traumaorientierte Arbeit mit Kindern und Jugendlichen. Da sich mittlerweile innerhalb der Traumapädagogik unterschiedliche Konzeptionen und Herangehensweisen entwickelt haben, handelt es sich um einen *„Sammelbegriff entsprechender Konzeptionen und Erklärungsmodelle".* (Bausum u.a., 2009, S.8)

Eine genaue Darstellung von Handlungsmöglichkeiten und Ansätzen der Traumapädagogik würde den Rahmen dieser Arbeit übersteigen. Trotzdem soll versucht werden, ein paar wichtige Handlungs- und Zielrichtungen aufzuzeigen. Dazu gehören für Scherwath und Friedrich (Scherwath u.a., 2014, S.69f.):

>> Herstellen von Sicherheit

>> Reduzieren und Vermeiden von Stress

>> Unterstützungen von sicheren Bindungsentwicklungen

>> Unterstützen von positiven Selbstbildern

>> Ressourcenorientierung

Herstellen von Sicherheit

Kommt es zu einer Traumatisierung, geht dies meist einher mit einem Gefühl von Hilflosigkeit und dem Verlust von Sicherheit. Darum ist es bei der Arbeit mit Traumatisierten wichtig, Möglichkeiten zu schaffen, wieder ein Sicherheitsgefühl zu erlangen. (Krüger, 2014, S.53)

Dabei gibt es einen Unterschied zwischen innerer und äußerer Sicherheit. Damit Betroffene sich einen Raum der inneren Sicherheit schaffen können, ist es wichtig, zunächst eine äußere Sicherheit zu schaffen, was mit im Aufgabenbereich der Sozialpädagogik liegt. (Scherwath u.a., 2014, S.70f.) Hierbei ist es entscheidend, dass besonders die Einrichtungen bzw. die Arbeitgeber_innen mit dafür Sorge tragen müssen, dass die Mitarbeiter selbst *„ausreichend institionelle und persönliche Sicherheit"* haben, um helfen zu können. (Scherwath u.a., 2014, S.72)

Scherwath und Friedrich beschreiben wichtige Aspekte, die mit dazu beitragen können, sichere Lebens- und Entwicklungsräume für traumatisierte Menschen zu schaffen. Dazu gehören (Scherwath u.a., 2014, S.72-82):

>> **Strukturelle Klarheit**

Traumatisierende Situationen sind in der Regel gekennzeichnet von extremer Unsicherheit, welche oft zu einem kompletten Kontrollverlust führen kann. Aus diesem Grund ist eines der Grundbedürfnisse traumatisierter Menschen, eine Art von Kontrolle und Nachvollziehbarkeit zurück zu erlangen. Daher sollte bei einem Hilfsangebot auf klare, nachvollziehbare Strukturen und Regeln geachtet werden. Dies ermöglicht es Betroffenen, sich schneller zurecht zu finden und ein Stück Sicherheit zurück zu gewinnen. Dies kann zum Beispiel durch ritualisierte Abläufe ermöglicht werden, wobei es wichtig ist, Rituale nicht vom Verhalten des oder der Betroffenen abhängig zu machen.

>> **„Stress raus!"**

s. Stressreduzierung und Stressvermeidung

>> **Heile Räume**

Sichere Orte schaffen Möglichkeiten zur Heilung. Bei Hilfsmaßnahmen sollten die Räumlichkeiten entsprechend gestaltet sein, so dass sie Heilung ermöglichen können. Auch Ordnung trägt dazu bei, dass Räume Sicherheit schaffen. Bei stationärer Hilfe bedeutet dies, dass die Wohnräume insgesamt eine positive Atmosphäre ausstrahlen sollten. (Scherwath u.a., 2014, S.75) Auch Jacob Bausum und seine Kolleg_innen halten es für wichtig, sichere Orte zu schaffen und somit zur Stabilisierung sowie Förderung traumatisierter Kinder und Jugendlicher beizutragen. (Bausum, u.a., 2009, S.8) Dies gilt darüber hinaus auch für traumatisierte Erwachsene.

Siegenthaler weist expliziter darauf hin, dass es beim Menschen immer ein Innen und ein Außen gibt und dass sich beides wechselseitig beeinflusst. Er nennt dies „Außen-Innen-Verschränkung" und sieht darin große Möglichkeiten für pädagogisches Handeln. (Siegenthaler, 1995, S.16)

>> Rückzugsräume und Schatzkammern

Jeder Mensch hat das Bedürfnis nach Privatsphäre. Menschen, die traumatisierende Erlebnisse hinter sich haben, haben hier ein erhöhtes Bedürfnis. In Einrichtungen sollte dem Sorge getragen werden und den Betroffenen zum einen räumliche Rückzugsmöglichkeiten angeboten, zum anderen es möglich gemacht werden, private Dinge wegschließen zu können.

>> Gewaltfreiheit

>> Sicherheit der Gruppe

Wenn Hilfe innerhalb einer stationären Einrichtung erfolgt, befinden sich die Klient_innen meist innerhalb einer Wohngruppe. Sowohl hier, als auch in Therapiegruppen ist Sicherheit von großer Bedeutung und die Sozialpädagog_innen haben die Aufgabe, hierfür zu sorgen. Auch können gemeinsame Aktionen für ein gutes Gruppengefühl sorgen.

>> Bleiberecht und Umgangsregelung

Handelt es sich bei den Klient_innen um Kinder oder Jugendliche, sind diese oft in Pflegefamilien oder stationären Einrichtungen untergebracht. Hier gilt es zu klären, wie lange der Aufenthalt sein wird und wie die Umgangsregelungen mit den Eltern aussehen.

Bei Flüchtlingen ist ein Bleiberecht von besonderer Bedeutung für das Sicherheitsgefühl.

Um diese Aspekte umzusetzen, braucht es zum einen von Seiten der Institution räumliche und personelle Möglichkeiten. Zum anderen muss es klare Regeln geben, an die sich alle zu halten haben. Dies gilt besonders, wenn es sich bei der Hilfsmaßnahme um eine stationäre Einrichtung handelt.

Reduzierung und Vermeidung von Stress

Wie bereits erwähnt (s. Kapitel 4.1.3), können bei traumatischen Erlebnissen die Energien, die normalerweise für eine mögliche Flucht oder einen Kampf zur Verfügung gestellt werden, nicht ausgelebt werden. Diese noch im Körper gefangenen Energien können für ein erhöhtes Stresslevel sorgen. Aus diesem Grund können schon minimalste stressauslösende Momente dafür sorgen, dass alte Trigger angestoßen werden. Dies gilt es zu verhindern. Dazu sollten die Anforderungen an Betroffene im Rahmen ihrer Möglichkeiten liegen, damit es zu Erfolgserlebnissen kommen kann. (Scherwath u.a., 2014, S.74)

Bindungsentwicklungen unterstützen

Traumatische Ereignisse können, wie besprochen (s. Kapitel 4.2.1), über einen längeren Zeitraum dafür sorgen, dass es den Betroffenen schwer fällt, wieder Bindungen einzugehen und Vertrauen aufzubauen – besonders wenn die Traumatisierung durch einen anderen Menschen verursacht wurde. Hier haben Fachkräfte eine sehr wichtige Rolle, da sie oft mit zu den ersten Menschen gehören, mit denen Betroffene nach einem traumatischen Erlebnis in Kontakt kommen.

Scherwath und Friedrich halten es deshalb für notwendig und wünschenswert, wenn *„das primäre Ziel professionaler Arbeit die Entwicklung und Stabilisierung einer sicheren Bindung"* darstellen würde. So würde gleichzeitig ein wichtiger Schutzfaktor wieder aufgebaut werden. (Scherwath u.a., 2014, S.83) Weiter *„scheint es [ihnen] notwendig, die pädagogische Beziehung nicht nur als zufälliges Nebenprodukt im Hilfeprozess zu betrachten, sondern sie in den Vordergrund sozialpädagogischer Handlungsplanung zu rücken"*. (Scherwath u.a., 2014, S. 84)

Wenn es um Pädagog_innen-Klient_innen-Beziehung geht, wird gerne von professioneller Distanz gesprochen. *„Timm Kunstreich, Professor der Ev. Hochschule für Soziale Arbeit des Rauhen Hauses in Hamburg"* (Scherwath u.a., 2014, S.84) prägte hier den Begriff der professionellen Nähe. Dies meint, dass wirkliche Hilfe nur funktionieren kann, wenn man zwischenmeschliche Beziehungen eingeht. Dabei ist es selbstverständlich wichtig, das Helfende eine ausgeprägte Selbstfürsorge sowie Selbstschutzstrategien haben. (Scherwath u.a., 2014, S.84)

Helferpersönlichkeiten sollten vor allem durch Feinfühligkeit, Präsenz, sprachliche Interaktion, Unterstützung bei der Stressregulation, Nähe, Trost und angemessenen Körperkontakt versuchen, eine Beziehung zu den Betroffenen aufzubauen. (Scherwath u.a., 2014, S.85-92)

Auch auf die in Kapitel 4.4.1 beschriebenen fünf Elemente, mit deren Hilfe Bezugspersonen eine sichere Bindung zu ihren Klient_innen aufbauen können, sollte zurückgegriffen werden.

Positives Selbstbild

Traumatisierte Menschen haben durch ihre Erlebnisse oft die Erfahrung gemacht, etwas nicht zu können oder nicht zu schaffen. Dies führt in der Regel dazu, dass sie kein besonders gutes Selbstbild haben. Um dem entgegen zu wirken, gilt es, Aktivitäten zu finden, die der oder die Klient_in gerne macht und wovon er bzw. sie überzeugt ist, es zu schaffen. Wenn bei der Hilfeplanung an diesem Punkt angesetzt wird, ist es auch möglich, im Laufe der Zeit Dinge zu schaffen, die zuvor als nicht bewältigbar angesehen wurden. Indem Stärken gefestigt werden, anstatt Mangel auszugleichen, wird das Selbstbild gestärkt, und der Mensch ist in der Lage, sich selbst in positivem Licht zu sehen. (Scherwath u.a., 2014, S.109f.)

Um das Selbstbild positiv zu fördern, kann auch die Suche nach Ressourcen sehr förderlich sein.

Ressourcenorientierung

Jeder Mensch hat Ressourcen, auf die es zurückzugreifen gilt. Besonders in der Sozialen Arbeit wird darauf sehr viel Wert gelegt und es wird immer wieder versucht, ressourcenorientiert zu arbeiten.

Um ressourcenorientiert zu arbeiten, ist Partizipation sehr wichtig. Das Erleben von traumatisierten Menschen ist von Handlungsunfähigkeit geprägt. Dem gilt es gegenüberzutreten und den Betroffenen zu zeigen, dass sie selbst mitbestimmen können und ein Mitspracherecht haben. Es geht dabei vor allem darum, dass die Beteiligten sich gehört und ernstgenommen fühlen. Auch wenn nicht alles mitberücksichtigt werden kann, sollte durch Transparenz und klare Kommunikation gemeinsam ein Weg gegangen werden. (Scherwath u.a., 2014, S.111f.)

Um Ressourcen zu stärken, können Positiv-Life-Events sehr hilfreich sein. Dabei geht es darum, Erlebnisse zu schaffen, bei denen Betroffene Glück, Freude, Stolz und Zufriedenheit erfahren können. Es ist hierbei wichtig, dass solche Ereignisse nicht als Belohnung oder reine Freizeitgestaltung eingesetzt werden. (Scherwath u.a., 2014, S.112f.)

Die eigene Kreativität ist eine große menschliche Ressource, welche es zu fördern gilt. Durch kreative Betätigung können Menschen erleben, zu was sie fähig sind. Sich-zum-Ausdruck-bringen ist ein Grundbedürfnis des Menschen. (Scherwath u.a., 2014, S.113) Gleichzeitig kann hierbei aber auch ein Raum geschaffen werden, in dem es nicht um Bewertung oder Beurteilung geht.

Wie in Kapitel 4.4.2 (Therapeutische Möglichkeiten) aufgeführt, ist Stabilisierung von traumatisieren Menschen sehr wichtig und gilt *„auch in der Traumapädagogik als zentrale Maßnahme. Sowohl die therapeutischen als auch die pädagogischen Ansätze beziehen sich dabei auf die Ergebnisse der Resilienzforschung, die in ihrem Kern Erkenntnisse darüber liefert, was Menschen stärkt".* (Scherwath u.a., 2014, S.96)

Um Betroffenen möglichst optimal helfen zu können, ist die Kooperation mit anderen Berufsgruppen sehr hilfreich und notwendig. (Krüger, 2014, S.53)

Nachdem nun ausführlich auf das Thema „Trauma" eingegangen wurde – was man darunter versteht, welche Formen es gibt, wie Folgen aussehen können und wie man Betroffenen begegnen und helfen kann – soll im Folgenden herausgearbeitet werden, was die *Tänze des Universellen Friedens* im Feld der Sozialen Arbeit beitragen und inwiefern sie speziell bei Traumatisierungen heilende Wirkung haben können.

5 Die *Tänze des Universellen Friedens* in der Sozialen Arbeit

Wie schon in der Einleitung erwähnt, stößt die klassische Medizin immer häufiger an ihre Grenzen, was dazu führt, dass immer mehr Menschen auf der Suche nach alternativen Heilmethoden sind.

Es gibt inzwischen viele Ansätze von alternativen Möglichkeiten, um Betroffenen mit unterschiedlichsten Leiden zu helfen. Ein Zweig davon ist die Chronobiologie-Forschung. Sie untersucht *„fast alles, was im Körper passiert, unter Aspekten von Rhythmus und Schwingung"*. (Verres, 2008, S.29)

Kapteina[48] und Zhang[49] erklären in ihrem Artikel „Ordnung, Chaos und Kohärenz – Forschungen über Biophysik und Musiktherapie" sehr detailliert, wie sich Musik auf den menschlichen Körper auswirkt. Die genaue Darstellung würde an dieser Stelle zu weit führen, allerdings ist wichtig zu erwähnen, dass die Autoren zu dem Schluss kommen, dass sich vor allem Tanzen und Obertonsingen positiv auf den Menschen auswirken. (Kapteina & Zhang, 2008, S.144)

Die *Tänze des Universellen Friedens* bestehen aus den Bausteinen Tanz und Gesang. Sowohl Musik als auch Bewegung sind in der Lage, Schwingungen des menschlichen Körpers zu beeinflussen. Im Folgenden soll erst auf die einzelnen Elemente eingegangen werden. Im Anschluss wird dargestellt was die *Tänze des*

---

48 Prof. Dr. Hartmut Kapteina: *1944, Musikpädagoge, Entwickler von musikpädagogischen Konzepten, Musiktherapeut und Mitglied in der Deutschen Gesellschaft für Musiktherapie, Professor für Musikpädagogik und Musiktherapie an der Universität Siegen.

49 Prof. Chang-Lin Zhang: *1943, Professor für Biophysik an der Zhejiang University in Hangzhou.

Universellen Friedens leisten können. Dabei werden jeweils allgemeine Möglichkeiten, Möglichkeiten für die Soziale Arbeit und Möglichkeiten in Bezug auf Traumaarbeit erläutert. Bei Musik und Bewegung wird jeweils noch eine kurze Abgrenzung zur Musik- bzw. Tanztherapie versucht.

5.1 Möglichkeiten von Bewegung und Tanz

Dass Bewegung und Tanz heilende Wirkung haben können, ist vor allem in den nicht westlichen Ländern seit Jahren bekannt und wird auch dementsprechend genutzt. In der westlichen Welt wird Tanz eher zu Unterhaltungszwecken, also nur einseitig, genutzt. Wie Rudolf von Laban[50] sagt:

> *„Der Tanz selbst, wie er traditionell in unserer Zeit verstanden wird, hat keinen intrinsischen erzieherischen oder heilenden Aspekt. Der heutige Tanz ist eine Kunstform". (von Laban, 2014, S.65)*

Im Folgenden soll aufgezeigt werden, inwiefern Tanz und Bewegung heilendes Potential sowie weitere Möglichkeiten bieten können.

Körperliche Bewegung ist nicht gleich Tanz. Dennoch bildet sie die Grundlage, ohne die Tanz nicht möglich wäre. So sagt Mary Wigman[51]:

> *„Wenn die innere Bewegtheit im tanzenden Menschen den Impuls zur Sichtbarmachung seiner bisher noch unsichtbaren Vorstellung auslöst, so ist es seine körperliche Bewegung, durch die sich diese Vorstellung im ersten Stadium ihrer Sichtbarmachung manifestiert". (Wigman, 2014, S.43)*

---

50 Rudolf von Laban: *1879 †1958; Tänzer, Choreograph und Tanztheoretiker, Begründer der Labanotation.

51 Mary Wigman geb. Karoline Sophie Marie Wiegmann: *1886 †1973; deutsche Tänzerin, Choreographin und Tanzpädagogin. Sie war eine der Hauptvertreterinnen des deutschen Ausdruckstanzes und machte ihn mit berühmt und gilt somit als eine der Wegbereiterinnen des rhythmisch- expressiven Ausdruckstanzes.

Von Laban zeigt auf, dass es unterschiedliche Tanzformen gibt und jede einen gewissen Schwerpunkt hat, wenn es um die Wirkung geht. Und trotzdem sagt er:

> *„Es sollte jedoch nie vergessen werden, daß Tanz in seiner tiefen Bedeutung immer sowohl die körperliche als auch die psychische Erfahrung mit einbezieht, auch wenn eine der beiden Seiten in bestimmten Tanztypen geringfügig überwiegt".* [sic.] (Kosellek, 1993, S.11)

Tanz und Bewegung können aus unterschiedlichen Gründen und zu unterschiedlichen Zwecken eingesetzt oder erfahren werden. Für manche Menschen dient Tanz als Quelle zur Freude. Andere erleben Tanz als vertiefende Wahrnehmung oder als dialogische Erfahrung. Er kann aber auch für den persönlichen Ausdruck genutzt oder als schöpferischer Akt gesehen werden. (Mayer, 2004, S. 205ff.)

Anna Halprin[52] eine Tänzerin und Pionierin des zeitgenössischen Tanzes, hat aufgrund einer Krebserkrankung am eigenen Leib heilendes Potential in ihrem Tanz entdeckt. Sie arbeitet unter anderem mit Visualisierungsprozessen, indem sie Bilder malt und diese dann in Bewegung umsetzt. Die dadurch hervorgerufene Auseinandersetzung mit der eigenen Person, kann zu einer Verbindung zwischen Körper und Geist führen und hat bei ihr dafür gesorgt, dass sie den Krebs überwinden konnte. (Halprin, 2000, S. 9ff.)

---

52 Anna Halprin: *1920, Tänzerin die mit der heilenden Kraft von Tanz arbeitet.

Für sie liegt der Schlüssel vor allem in der Verbindung zwischen Körper und Geist, bzw. zwischen dem Körper und seiner Umgebung, welche durch Tanz möglich gemacht wird. So sagt sie:

> *„Bewegung birgt die Möglichkeit, uns in das Heim der Seele zu befördern, in die Welt in unserem Inneren, für die wir keinen Namen haben. Bewegung erreicht unsere tiefste Natur, und Tanz bringt dieses auf kreative Weise zum Ausdruck. Durch Tanz können wir neue Einsichten in das Mysterium unseres inneren Lebens gewinnen. Wenn Tanz aus unserem Inneren kommt und vom Wunsch nach persönlicher Veränderung getragen wird, verfügt er über eine tiefgründige Macht, Körper, Seele und Geist zu heilen. Unsere Reise durch Krankheit und Gesundheit und die Macht des Tanzes, diesen Weg zu beleuchten, ist ein leidenschaftlicher Aspekt meines Lebenswerks". (Halprin, 2000, S. 2)*

Heutzutage ist der Gedanke, dass eine Verbindung zwischen Geist und Körper sowie Einstellungen bzw. Emotionen zum Heilungsprozess beitragen können, auch in der westlichen Welt nicht mehr ganz neu. (Halprin, 2000, S.19f.)

Für Halprin hängt Heilung *„eng mit der Perspektive zusammen, die ein Mensch vom Leben hat".* Sie geht nicht soweit zu sagen, dass Tanz generell heilen kann, aber sie ist davon überzeugt, dass Tanz die Kraft dazu haben kann. (Halprin, 2000, S.17) Dabei ist es wichtig darauf hinzuweisen, dass Halprin eine klare Unterscheidung zwischen „kurieren" und „heilen" trifft. Sie sagt:

> „Kurieren bedeutet, daß man eine Krankheit auf
> körperlicher Ebene beseitigt. (...) Heilen hinge-
> gen bedeutet, auf vielen Ebenen gleichzeitig zu
> arbeiten, indem man einen Zustand emotionaler,
> mentaler, spiritueller und körperlicher Gesund-
> heit zu erreichen versucht. Heilen bezieht auch
> die psychische Ebene mit ein und arbeitet daran,
> ob sich unsere Überzeugungen positiv oder de-
> struktiv auswirken". [sic.] (Halprin, 2000, S.17f.)

Soll Tanz oder Bewegung bewusst zur Heilung eingesetzt werden, ist es wichtig zu verstehen, inwiefern Körper und Geist zusammenhängen. Dies lässt sich sehr leicht sichtbar machen, wenn man versucht, die Aussage „ich bin sehr glücklich" glaubhaft zu vermitteln, während man die Arme vor dem Körper verschränkt. Da in diesem Fall Körpergeste und Aussage nicht kohärent sind, wird es schwer sein, jemanden von der Aussage zu überzeugen. Halprin sagt dazu:

> „Diese Wechselwirkung zwischen Bewegung und
> Gefühl ist ein wichtiges Element des mensch-
> lichen Ausdrucks. Dies ist ein unverzichtbarer
> Bestandteil des Heilungsprozesses". (Halprin,
> 2000, S.28)

Sieht man Tanz in dem Sinne als Medium des Körpers und als Ausdrucksmittel, wird sehr schnell verständlich, inwiefern Bewegung und Tanz auch heilende Wirkungen haben können. Indem bewusst unterschiedliche Bewegungsqualitäten angeboten werden, können auch unterschiedliche Gefühle und Empfindungen, die dadurch ausgelöst werden, erfahren werden. So kann es möglich gemacht werden, zu Emotionen und Gefühlen zu gelangen, die bis dahin völlig unbewusst waren. Gerade solche Gefühle ins Bewusstsein zu rufen und zu erleben, steigert die Fähigkeit, sich selbst zu erfahren und auszudrücken. (Halprin, 2000, S.28f.) Sich selbst auszudrücken ist eines der Grundbedürfnisse des Menschen und die Befriedigung von Grundbedürfnissen sorgt direkt zu mehr Wohlbefinden.

Wichtig hierbei ist, die Assoziationen und die damit verbundenen Blockaden, die viele Menschen mit dem Begriff Tanz haben (meist in Bezug auf professionellen Tanz wie Ballet oder Jazz-Dance etc.), aufzulösen und darauf hinzuweisen, dass Tanz viel mehr sein kann. Wie Halprin es sehr schön formuliert:

> *„Tanz kann jedoch auch als direkte und natürliche Art, sich zu bewegen, verstanden werden, ohne daß irgendeine Autorität diesem Tun bestimmte Vorstellungen über Ästhetik aufzwingt. Tanz muss nicht unbedingt anmutig, hübsch und spektakulär wirken, sondern kann auch grotesk, häßlich, unbeholfen, komisch und erschreckend sein. Tanz kann Konflikte zum Ausdruck bringen. Tanz kann stapfen, fallen, angreifen, umklammern und sich ausstrecken. Tanz kann sich öffnen, sich schließen, sich auf Zehenspitzen bewegen, kriechen, sich drehen und wenden, stampfen, springen, laufen und hüpfen. Außerdem können wir uns beim Tanz mit anderen zusammen oder alleine bewegen, und dies rückwärts, vorwärts, auf und ab. Bewegung findet überall und ständig*

Mike Samuels, ein Arzt aus Kalifornien, der sich auch mit der Wir-
kung von Kunst und Ritual beschäftigt hat, erklärt, wenn der Mensch
sich bewegt oder tanzt, wird eine Vielzahl an Muskeln und Abläufen
im Körper aktiviert, also eine große Menge an Botschaften inner-
halb des Körpers übermittelt. Je nachdem welche Emotionen im
Tanz dargestellt werden, spiegeln sich diese im Körper und in des-
sen Anspannungs- oder Entspannungszustand. Dadurch kann u.a.
auch das parasympathische Nervensystem stimuliert werden, was
Entspannung, Heilung und die Erhaltung von Gesundheit fördert.
Dies passiert sowohl, wenn eine Bewegung aktiv ausgeführt wird,
als auch wenn man sie sich nur vorstellt. (Samuels, 1997, S.174)
Weiter schreibt er:

Man könnte sagen, durch Bewegung bringen sowohl Körper, Geist und Seele *„unsere Physiologie auf dreifache Weise ins Gleichgewicht: durch Gedanken im Gehirn; durch Herstellung einer Balance im autonomen Nervensystem, im Hormonsystem und im Bereich der Neurotransmitter; und schließlich durch Veränderung auf Zellebene".* (Samuels, 1997, S.175) Zusätzlich beinhalten tänzerische Bewegungen die Möglichkeit, leibliche Erfahrungen über sich selbst zu machen, seinen eigenen Körper zu spüren und mit sich selbst in Kontakt zu kommen. Darüber hinaus ist es auch möglich, durch Tanz seine eigenen motorischen Fertigkeiten und koordinativen Fähigkeiten zu erfahren. (Kosellek, 1993, S.13)

Rudolf von Laban beschreibt anhand von Beispielen, inwiefern Tanz erzieherische und therapeutische Wirkung haben kann. So entwickelten sich Schüler sehr viel besser und schneller weiter, nachdem sie Tanzunterricht erhielten. Auch konnte festgestellt werden, dass sich ein Gruppengefühl durch gemeinsamen Tanz ins Positive verändert. Er sagt ganz klar:

> *„Ein weiterer überraschender Effekt war die Verbesserung der Gesundheit der Kinder. Schwache Kinder, die immer große Abscheu vor gymnastischen Übungen hatten und bei denen Medikamente und andere Behandlungsformen sich als völlig wirkungslos erwiesen hatten, wurden durch das Tanzen kräftiger und lebendiger. Nervöse Kinder wurden weniger furchtsam, ruhiger und offener für Ratschläge und Korrektur".* (von Laban, 2014, S.67)

Auch bei schwerer körperlicher Arbeit kann festgestellt werden, dass die Menschen ihre Kraft wiedergewinnen und Müdigkeit und Schmerzen vermindert werden können, wenn sie neben der harten Arbeit die Möglichkeit haben, gemeinsam zu tanzen. Auch konnten Arbeiter_innen durch den klaren Rhythmus, den sie beim Tanzen erfuhren, wieder Freude an den rhythmischen – teilweise monotonen – Arbeiten finden. (von Laban, 2014, S.70)

Sowohl wenn es um Erziehung, als auch wenn es um Heilung geht, beschäftigt man sich mit dem Individuum und mit dessen nicht vorhandenen oder verloren gegangen Qualitäten, die es braucht, um das Leben gut zu meistern. Von Laban ist der Meinung, dass die Anmut, die in tänzerischen Bewegungen liegt, Kraft und Funktionsfähigkeit gibt, um nötige Qualitäten zu fördern und wieder zu erlangen. (von Laban, 2014, S.67f.) So sagt er:

> *„Beim Tanzen kann der Menschen bislang schlafende sowie verlorene Qualitäten zufällig entdecken. Er gelangt an die Vielzahl verborgener Schätze, einige kann er für sich nutzen, während er andere zurückweist oder überhaupt nicht beachtet. Um welche Art von Schätzen handelt es sich? Kurz ausgedrückt handelt es sich um die unmittelbare Erfahrung der ‚Anmut der Bewegung‘. Oder besser, es sind wertvolle Lebenserfahrungen, die in der Bewegung gewonnen werden“. (von Laban, 2014, S.70)*

Außerdem kann durch gemeinsamen Tanz Angst genommen und Toleranz geweckt werden, so von Laban. Dies kann sowohl gegenüber anderen Menschen, also auch gegenüber der eigenen Person möglich sein. So *„wird besonders die Kontrolle und Beherrschung der eigenen Bewegung als wohltuend erlebt, da Furcht und Misstrauen sich nicht nur auf die Beziehung zu anderen Personen beschränkt".* (von Laban, 2014, S.71) Indem der Mensch sich mit seinen eigenen Bewegungen vertraut macht und so ein Körpergefühl entwickelt, kann eine Vertrautheit sich selbst gegenüber entwickelt bzw. gefördert werden. (von Laban, 2014, S.71)

Tanz kann weiter dafür sorgen, *„die rhythmische Intelligenz und Stabilität zu fördern und so dem Menschen zum physischen und psychischen Gleichgewicht verhelfen".* (von Laban, 2014, S.73)

Wie später noch erwähnt wird (s. 5.2 Möglichkeiten durch Musik), ist der Mensch ein rhythmusliebendes Wesen und erfährt durch Rhythmus sehr viel Sicherheit. Emil Jaques-Dalcroze[53] hat ab 1892 eine neue Art eingeführt, Rhythmus und Musik zu vermitteln – durch den Körper – und dadurch mit dazu beigetragen, dass die Rhythmik entstand. Renate Kühnel[54] beschreibt es so:

> *„Der Körper mit seiner inneren und äußeren Bewegung sollte zum Mittler zwischen Musik und Mensch werden. Jaques-Dalcroze ging es um*

---

53 Emil Jaques-Dalcroze: *1865 †1950; Komponist und Musikpädagoge; einer der Begründer der rhythmisch-musikalischen Erziehung (Rhythmik). Auf ihn gründen sich EMP (Elementare Musikpädagogik) und Musik- und bewegungsorientierte Soziale Arbeit.

54 Prof. Renate Kühnel: Dipl. Rhythmikerin und Dipl. Musiklehrerin, Professorin an der Ostbayerischen Technischen Hochschule Regensburg und Leiterin des Studiengangs Musik- und bewegungsorientierte Soziale Arbeit. Autorin; Preisträgerin für „gute Lehre"; Veranstalterin verschiedener Fachtagungen und Fachvorträge.

> wirkliches Verstehen, Durchdringen und Empfin-
> den der Musik". (Kühnel, 2004, S.165)

Durch die Übungen (Atem-, Geh- und Taktierübungen, Übungen für Muskelspannung, Koordinations- und Reaktionsfähigkeit), die er entwickelt hat, wurde die Musik durch den Körper erfahren und spürbar gemacht. Schäfer[55] bringt es auf den Punkt:

> *„Jaques-Dalcroze ging es um die Einheit von Musik und Bewegung als Ausdruck der Integration von Geist, Seele und Körper bzw. Bewußtem und Unbewußtem im Menschen".* [sic.] *(Schäfer, 1992, S.13)*

Durch diesen Ansatz kann erneut festgestellt werden, wie körperliche Bewegung sich auf den Menschen auswirkt. Über Jaques-Dalcroze' Methode wurde gesagt, sie *„verhelfe jedem ‚infolge der eigenartigen Lehrprinzipien zu einer körperlichen wie seelischen Befreiung und dadurch zu einem gesteigerten Lebensgefühl, deren hohe e t h i s c h e Bedeutung unverkennbar ist'".* [sic.] (Keil zit. nach Kugler, 2000, S.64) Jaques-Dalcroze' Arbeit bestand also nicht aus der Vermittlung reiner rhythmisch-musikalischer Inhalte bzw. durch das Ausführung von vorgegebenen Übungen, sondern ermöglichte ganzheitliche Erfahrungen, die zu einer Verbesserung des Körpergefühls und der psychischen Befindlichkeit führten. (Kugler, 2000, S.64)

---

55 Gudrun Schäfer: Autorin des Buches „Rhythmik als interaktionspädagogisches Konzept." Remscheid, 1992; und anderer Texte, keine weiteren Informationen gefunden.

Wenn man Tanz und Bewegung nutzen möchte, kommt es generell sehr stark auf die anleitende Person an, deren Tanzauswahl und deren Vorgehen, ob Tanz heilende Wirkung haben kann oder nicht. Selbstverständlich ist es auch sehr entscheidend, inwieweit sich die Tanzenden einlassen und öffnen. Auch weist von Laban drauf hin, wie wichtig es ist, ein Wissen über die menschliche Natur zu haben und was Tanzen im Menschen auslösen kann, wenn man Tanz gezielt für heilende Maßnahmen einsetzten möchte. (von Laban, 2014, S.71 und S.74) Er bringt es sehr deutlich auf den Punkt:

„Es kann nicht oft genug wiederholt werden, dass es unsinnig ist, dem Tanz als solchem irgendeine heilende oder erzieherische Wirkung zuzuschreiben. Allein die Anmut der Bewegung ist es, um derentwillen Tänze erfunden wurden und ausgewählt werden und welche ihre Wirkung letztlich bestimmt". (von Laban, 2014, S.72)

Trotzdem kann Tanz und Bewegung zielführend eingesetzt werden. Denn Bewegung kann, wenn sie sinnvoll eingesetzt wird, neben der äußerlichen auch eine innere Bewegtheit auslösen. (Mayer, 2004, S.203) Diese Bewegtheit kann genutzt werden, um an (innere) Prozesse anzuknüpfen und mit ihnen zu arbeiten.

5.1.1 Tanz und Bewegung in der Sozialen Arbeit

Besonders, wenn man Tanz und Bewegung in der Sozialen Arbeit nutzen will, gilt es, Scham und Unsicherheit, Vorstellungen und irrtümliche Bilder im Bezug auf Tanz und Bewegung beiseite zu schaffen. Nur wenn Klient_innen offen für Tanz und Bewegung sind, ist es auch möglich, diese als Methode zu nutzen.

Tanz und Bewegung in der Sozialen Arbeit kann sowohl zur sinnvollen Freizeitgestaltung, als auch zur Förderung, Unterstützung und Bildung des Menschen eingesetzt werden. In jedem Fall ist dies in Einzelarbeit oder mit Gruppen möglich.

Wenn Tanz und Bewegung pädagogisch genutzt werden sollen, ist es wichtig, sie nicht rein technisch zu vermitteln. Wie schon erwähnt, betrifft Tanz den ganzen Menschen mit all seinen Emotionen, seinem Verhalten und seinen zwischenmenschlichen Beziehungen. (Mayer, 2004, S.203f.) Wird dies berücksichtig, ist es möglich, Tanz als Quelle der Freude, Tanz zur Vertiefung der Wahrnehmung, Tanz als dialogische Erfahrung, Tanz als persönlichen Ausdruck und/oder Tanz als schöpferischen Akt zu erleben und zu nutzen. (Mayer, 2004, S.205ff.)

Dadurch wird es möglich, den Menschen durch Bewegung und Tanz auf persönlich-psychologischer, sozialer sowie motorischer Ebene zu fördern und somit zur Identitätsentwicklung- bzw. balance beizutragen. (Kühnel, 2014)

Je nachdem, was es in dem oder der Einzelne_n zu fördern und zu unterstützen gilt, angepasst an die Zielgruppe, müssen die Tanzrichtung oder Bewegungsart sowie die Herangehensweise und Vermittlung variiert werden. Von entscheidender Bedeutung ist in jedem Fall eine sorgfältige Auswahl. Auch sollte immer die *„Auseinandersetzung mit dem eigenen Bewegungsverhalten oder dem zu imitierenden Bewegungsmodell und der darin liegenden Breite an Erfahrungen und Erlebnissen im Vordergrund"* (Mayer, 2004, S.220) stehen.

5.1.2 Möglichkeiten in Bezug auf Trauma

Neben den aufgezeigten positiven Möglichkeiten, die Bewegung und Tanz bieten, gilt es im Rahmen der vorliegenden Arbeit vor allem zu schauen, was dieses Medium in Bezug auf Traumaarbeit und Traumabearbeitung für Möglichkeiten bietet.

Eine Begründung, warum Tanz und Bewegung heilsame Wirkung in Bezug auf Traumatisierung haben, liefern Peter Levine und Corinna Scherwath mit ihrer Kollegin:

> *„‚Der Körper trägt die Last des Traumas' , ist eine der Kernaussagen des bekannten Traumapsychologen Levine, der sich intensiv mit den psychosomatischen Auswirkungen von Traumatisierung auseinandergesetzt hat. (...) Der Körper wurde der eigenen Selbstbestimmung entzogen und Körperempfindungen mussten abgespalten werden, was eine gesunde Wahrnehmung des eigenen Körpers einschließlich einer fürsorglichen Interpretation seiner Signale vielfach erschwert".*
> *(Scherwath u.a., 2014, S.107)*

Auch Gerald Hüther[56], ein Neurobiologe, erklärt, dass *„Erfahrungen immer gleichzeitig auf der kognitiven, auf der emotionalen und auf der körperlichen Ebene in Form entsprechender Denk-, Gefühls- und körperlicher Reaktionsmuster verankert und aneinandergekoppelt"* (Hüter, 2008, S.111) werden. Darum ist es wichtig, alle Ebenen im Blickfeld zu haben. Hüter erklärt weiter:

> *„Die Menschen müssen die neuen Erfahrungen (von Selbstwirksamkeit, Gestaltungskraft und -lust, von Kompetenz und Selbstreflexion) am eigenen Körper und unter Aktivierung ihrer emotionalen Zentren machen, damit sie nachhaltig in Form entsprechender neuronaler Verschaltungsmuster in ihrem Gehirn verankert werden können".* (Hüther, 2008, S.111)

Dadurch, dass traumatische Erfahrungen neurologisch in den älteren, vorsprachlichen Gehirnzentren gespeichert werden, kann es zu einer Sprachlosigkeit kommen, wenn es darum geht, über diese Erlebnisse zu sprechen. Der Tanz und die Bewegung bleiben dann als Ausdrucksmittel, wenn die Sprache versagt, wie Pina Bausch[57] es einmal formulierte. (Drews, 2013)

---

56 Gerald Hüther: *1951, Neurobiologe und Leiter der Zentralstelle für neurobiologische Präventionsforschung an der Psychiatrischen Klinik der Universität Göttingen und dem Institut für Public Health der Universität Mannheim/Heidelberg. (Bossinger W., 2008, S. 106)

57 Pina Bausch, geb. Phillipine Bausch: *1940 †2009; Tänzerin, Choreographin und Tanzpädagogin; Sie entwickelte das Tanztheater als neue Kunstgattung, indem sie Tanz mit Gesang, Pantomime, Artistik und Schauspiel verband und wurde damit zu einer Kultfigur der Tanzszene (http:/www.pina-bausch.de/)

Bei einer Traumatisierung kommt es, wie bereits erwähnt (s. Kapitel 4.1.3), häufig zu einem Erstarren des Körpers, da weder Flucht noch Kampf möglich sind. Der Körper hat dadurch keine Möglichkeit, in den Ausdruck zu gehen, wodurch das Erlebte verarbeitet werden könnte. Allein durch die Möglichkeit, den eigenen Körper in Bewegung zu bringen und ihm Bewegung zu „erlauben", können auch in Bezug auf eine Traumatisierung heilsame Prozesse in Gang gesetzt werden.

Scherwath und Friedrich haben dies auch schon dargestellt (s. Kapitel 4.4.1).

Durch gemeinsamen Tanz ist es ebenfalls möglich, dem genannten Risikofaktor „geringe soziale Einbindung und Unterstützung" entgegen zu wirken. Der gemeinsame Tanz kann eine Basis bilden, andere Menschen kennen zu lernen und dadurch mehr soziale Einbindung zu erlangen, Freundschaften zu knüpfen und so eigene Ressourcen auszubauen.

Bei gemeinsamem Tanz tritt man immer in Beziehung zu anderen. Wie in Kapitel 4.4.1 erwähnt, kann es nach einer Traumatisierung zu einer Störung im Beziehungsverhalten kommen. Durch Tanz mit anderen tritt der Mensch automatisch in Beziehung und diese kann wieder erlebbar gemacht werden. Da die Beziehung aufgrund des Tanzes zustande kommt, begegnet man sich in der Regel auf einer unpersönlichen Ebene, wodurch die Hemmschwelle deutlich gesenkt wird.

Weiter kann Tanz auch die **eigentlichen Resilienzfaktoren** stärken. Durch Erfolgserlebnisse kann das Selbstbild verbessert werden.

Da es nach einer Traumatisierung zu Symptomen wie Nichts-mehr-Fühlen oder Nichts-mehr-Spüren kommen kann, ist es möglich, durch Bewegung sich seines eigenen Körpers wieder bewusst zu werden und diesen sowohl zu spüren als auch mit ihm zu fühlen.

Sicherheit ist für mögliche Heilungsprozesse sehr förderlich. Wenn für die Arbeit mit traumatisierten Menschen spezielle Tänze oder Bewegungsabfolgen ausgewählt werden, die einen klaren Rhythmus haben und aus sich wiederholenden Motiven bestehen, schafft dies Sicherheit bei den Teilnehmer_innen, was sich wiederum positiv auf den ganzen Menschen sowie auf die Gruppe und das Sicherheitsgefühl innerhalb dieser auswirken kann.

5.1.3 Abgrenzung zur Tanztherapie

Die moderne Tanztherapie hat ihre Wurzeln bei Isadora Duncan[58] in den USA, die, im Vergleich zu vorher, ein neues Verständnis von Tanz als Ausdrucksmittel von Gefühlen, Wünschen, Hoffnungen und Bedürfnissen vertrat. Tanz gilt als eine der ersten bzw. ältesten Formen menschlichen Ausdrucks, es kann allerdings nicht gesagt werden, dass Tanz per se therapeutisch ist.

Wenn man von Tanztherapie spricht, geht es darum, durch Beobachtung und Analyse von Bewegungen einen Zugang zum Unbewussten zu schaffen, zu tieferen Schichten der Persönlichkeit, und dort therapeutisch anzusetzen. (Willke E., 2014, S.12f.) In diesem Sinne können Tanz und Bewegung therapeutisch genutzt werden, sie können allerdings auch heilende Wirkung haben, ohne den Ausdruck und das Geschehen weiter zu analysieren und zu hinterfragen.

---

58 Isadora Duncan: *1877 †1927; Tänzerin und Choreographin; Wegbereiterin des modernen sinfonischen Ausdruckstanzes; war eine der ersten die klassische Konzertmusik tänzerisch umsetzte.

5.2 Möglichkeiten von Musik

„Ein Leben ohne Musik kann sich kaum jemand vorstellen. Musik begleitet den Menschen von der vorgeburtlichen Zeit bis hin zum Sterbebett. Kulturen ohne Musik hat es nie gegeben". (Kraus, 2002, S.13)

Da Musik schon immer einen Platz im menschlichen Leben hatte, ist es auch nicht sehr abwegig, sie für Heilungsprozesse einzusetzen. Durch Funde von Musikinstrumenten ist belegt, dass bereits frühere Völker Musik gemacht haben. Dort wurde Musik durch Schaman_innen, Priester_innen oder Philosoph_innen zu Heilzwecken eingesetzt. Es gibt ebenfalls schriftliche Nachweise dafür, dass Musik schon vor vielen Jahren zu Heilzwecken verwendet wurde, im Alten Testament, im Buch Samuel, heißt es:

„„Sooft nun der böse Geist von Gott über Saul kam, nahm David die Harfe und spielte. So wurde es Saul leichter, ... und der böse Geist wich von ihm.'". (zit. nach Kraus, 2002, S.13)

Musik ist Klang. Musik ist Resonanz. Sowohl durch Klang, also auch durch Resonanz, ist es möglich, Heilungsprozesse zu unterstützen.

Dies liegt unter anderem daran, dass der Mensch nicht nur Musik produziert, sondern selbst auch Musik ist. *„Diese Behauptung wird durch neue Ergebnisse der Chronobiologie aus dem Bereich der künstlerischen Intuition in den der Erkenntnis gebracht". (Moser, Frühwith & Lackner, 2008, S.63).* Sowohl die menschlichen Gewohnheiten (Tagesabläufe etc.), als auch die Funktion der menschlichen Organe folgen gewissen Rhythmen. Dies dient einem ganz einfachen Zweck: *„Rhythmus spart Kraft".* (Moser u.a., 2008, S.69) Befindet sich der menschliche Körper nicht mehr im gewohnten Rhythmus, kann es zu Beeinträchtigungen der Gesundheit kommen. Musik kann eine Möglichkeit sein, um den eigenen Rhythmus wieder zu normalisieren und somit zur Gesundheit des Menschen beizutragen. (Moser u.a., 2008, S.63f.; Kraus, 2002, S.13)

John Beaulieu[59] erklärt es noch etwas genauer. Er hat gemeinsam mit Kolleg_innen herausgefunden, dass die Produktion und Ausschüttung des Moleküls Stickoxid (bestehend aus einem Stickstoff- und einem Sauerstoffatom) für das menschliche Wohlbefinden mitverantwortlich ist. Weiter haben sie festgestellt, dass durch negativen Stress die Produktion von Stickoxid reduziert bzw. es nicht mehr ausgestoßen wird. Hier ist es nun entscheidend zu wissen, dass:

> *„wenn Musik und Klang auf korrekte Art und Weise eingesetzt werden, (…) sie die Fähigkeit [haben], in uns die Adaption gegenüber Stressoren zu erleichtern und die zelluläre Stickoxidproduktion zu intensivieren, was zu einem zunehmend besseren Wohlbefinden führt".* (Beaulieu, 2010, S.11)

Dabei kann Musik sowohl passiv, also wenn man ihr zuhört, als auch aktiv, also durch selbstständiges Musikproduzieren, therapeutisch eingesetzt werden. (Kraus, 2002, S.14) Dabei geht es, wenn von Passivität die Rede ist, nicht um ein passives Hören, was nebenbei

---

59 John Beaulieu: u.a. Heilpraktiker, Psychiater, Psychotherapeut, Musiker, Polarity Therapie Lehrer und Begründer von "BioSonic Enterprises": http://johnbeaulieu.com/.

geschieht, also während man andere Dinge tut. Es geht dabei um ein aktives Zuhören. Mit passiv wird lediglich ausgedrückt, dass man selbst nicht die Musik produziert.

In dem Moment, in dem wir aktiv zuhören und unser Ohr auf Klänge konzentrieren, können jegliche Töne und Klänge zu Musik werden. Beaulieu geht sogar noch weiter und sagt, dass die wahre Kunst des Zuhörens nicht nur im ausschließlichen Zuhören besteht, sondern das auch die Vorstellungskraft, die Möglichkeit ganz in der Musik aufzugehen, das »Lauschen auf die Elemente« (Äther, Erde, Wasser, Feuer und Luft) sowie die Stille wichtige Elemente des Hörens sind. (Beaulieu, 2010, S.22ff.)

Kapteina und Zhang weisen darauf hin:

> *„Die Auffassung von Musik als geordnetes System, das die in Unordnung geratene sprich die erkrankte Seele oder den Körper des Menschen wieder herstellt, wieder »in Ordnung« bringt, geht u.a. auf die Forschungen des griechischen Philosophen Pythagoras zurück“. (Kapteina & Zhang, 2008, S.133)*

Zwar wurde diese Idee zuerst als esoterisch angesehen und somit nicht wirklich ernst genommen, inzwischen wird ihr aber weit größere Bedeutung zugestanden.

Wie schon erwähnt, spielt **Resonanz** eine große Rolle. Resonanz ist ursprünglich ein Begriff aus der Musik, wird aber inzwischen auch im Kontext der Ärzt_innen-Patient_innen-Beziehung gebraucht und kann in diesem Zusammenhang etwa wie Empathie, also Einfühlungsvermögen, verstanden werden. Allerdings meint Empathie vor allem das Einfühlungsvermögen der Ärzte und Ärztinnen. Resonanz hingegen beinhaltet eine Wechselwirkung zwischen Patient_in und Arzt bzw. Ärztin. Es geht also um die zwischenmenschliche Resonanz. (Bossinger u.a., 2008, S.17; Verres, 2008, S.22f.) Verres[60] macht es noch deutlicher:

> *„Man könnte auch sagen, Resonanz ist das, was die Welt zusammenhält. Es geht also darum, auf die Körpersprache, auf die Körpersignale zu achten und die Stimmung, in der man ist, die sich nicht nur seelisch, sondern auch körperlich spürbar zeigt, als wichtige Informationsquelle zu nutzen". (Verres, 2008, S.25)*

Und Bossinger ergänzt:

> *„Die Fähigkeit zur Resonanz bildet eine der Grundbedingungen für die menschliche Gesundheit oder für das Zustandekommen von Heilungsprozessen". (Bossinger u.a., 2008, S.17)*

Auch **Rhythmus** ist eine wichtige Komponente, der als *„die Seele der Musik"* (Beaulieu, 2010, S.105) gesehen werden kann. Gerald Hüther sagt:

> *„Rhythmus führt immer dann, wenn er von einem Patienten aufgegriffen und im Inneren mitgegangen oder aktiv mit vollzogen wird, zu*

---

60 Prof. Dr. Rolf Verres: *1948; Professor für Medizinische Psychologie und Leiter des Institut für Medizinische Psychologie am Universitätsklinikum in Heidelberg als Ärztlicher Direktor, Autor, Musiker, Gründer des „Zentrum für interkulturelle Psychologie" (http://www.rolf-verres.de/).

Weiter erwähnt Hüter die wichtige Bedeutung von Ordnung inner-
halb der Musik. Durch Wiederholung wird Sicherheit geschaffen.
Die *„Wiederholung eines Themas erfüllt die entscheidenden Voraus-
setzungen für eine Aktivierung emotional-kognitiver Verarbeitungs-
prozesse".* (Hüther, 2008, S.117)

Mitte des 20. Jahrhunderts wurde entdeckt, dass veränderte Wach-
bewusstseinszustände (damals durch LSD) zu einer Lockerung psy-
chischer Abwehrvorgängen führt *„und verdrängte unbewusste
Konflikte und Erinnerungen aktiviert und wiedererlebt werden (...),
wodurch eine erfolgreiche psychotherapeutische Verarbeitung er-
möglicht wird".* (Hermle & Bossinger, 2008, S.127) Nachdem hallu-
zinogenunterstützte Therapie, aufgrund wiederholten Missbrauchs,
nicht mehr so leicht umzusetzen war, wurde auf die Möglichkeit
zurückgegriffen, Wachbewusstseinszustände mit Hilfe von Musik
zu beeinflussen. (Hermle u.a., 2008, S.127f.) Sowohl durch unter-
schiedliche Instrumente, als auch durch Gesänge, kann die Konzen-
tration nach innen gerichtet werden. Hermle macht deutlich:

Auch ermöglicht gemeinsames Singen in Form von Chanten oder Mantrasingen Bewusstseinserfahrungen, *„die von Erlebenden mit Begriffen wie »Einssein mit dem Ganzen«, »tiefe Verbundenheit«, »Zeitlosigkeit«, »Ewigkeit« oder »Gewahrsein des Göttlichen« und ähnlich beschrieben werden".* (Bossinger, 2008, S.171f.)

Generell ist es wichtig zu erwähnen, dass Musik nicht grundsätzlich und zu jeder Zeit für jeden Menschen die gleiche (Heil-)Wirkung bedeutet. So wie unterschiedliche Menschen unterschiedliche Musik hören und unterschiedliche Vorlieben haben, genauso kann ein und dieselbe Musik auf die eine Person heilend wirken, während eine andere Person abgeneigt auf sie reagiert. Es kann sogar soweit reichen, dass jemand das Gefühl hat, von der Musik krank zu werden. Von daher ist Musik immer sehr sorgfältig auszuwählen und es sollte permanent auf die Reaktionen der Klient_innen geachtet werden. Beaulieu macht darauf aufmerksam, dass es hilfreich sein kann, mit Musik zu arbeiten, die gegensätzliche Energien beinhaltet als solche, von denen die Person sowieso umgeben ist. Beispielsweise ist für jemanden, der eher ein ruhiges Leben führt, wahrscheinlich eher kraftvollere Musik heilsam. So ist es möglich, Energien auszugleichen. In diesem Sinne kann jede Art der Musik heilende Wirkung haben. (Beaulieu, 2010, S.98f.)

Gesang

Singen ist und macht gesund. Dies ist inzwischen vielfach untersucht und von verschiedenen Fachdisziplinen belegt worden. Dr. Karl Adamek ist dabei nur einer unter vielen, der die positiven Effekte des Singens benennt. So sagt er sehr deutlich:

„Menschen, die viel singen, sind im statistischen Durchschnitt psychisch und physisch gesünder als Menschen, die nicht singen. (...) Singen kann als Bewältigungsstrategie zur Regulation der Emotionen genutzt werden". (Adamek, 2008, S.178)

Dies sind nur zwei seiner Aussagen.
Wolfgang Bossinger bestätigt dies, indem er sagt:

„Die wahrscheinlich intensivste Form der Erfahrung von Schwingung mit Körper und Seele geschieht jedoch dann, wenn wir unser Urinstrument – die eigene Stimme – zum Klingen bringen, denn hierbei nehmen wir die von uns selbst erzeugten Schwingungen nicht nur mit dem Ohr wahr, sondern wir versetzen unseren eigenen Körper in Vibration und rufen hierdurch starke Resonanzprozesse hervor". (Bossinger u.a., 2008, S.146)

Und weiter:

„Wenn Menschen gemeinsam singen, synchronisieren sich unter anderem ihre Atmung, sowie

eine Vielzahl von körperlichen Schwingungs-
vorgängen, wie etwa Herzfrequenz, Blutdruck-
schwankungen oder Schwingungsvorgänge in
neuronalen Netzwerken des Gehirns. Diese Re-
sonanzprozesse spiegeln sich nicht nur in körper-
lichen Schwingungsvorgängen wider, sondern
ereignen sich auch auf den Ebenen der Seele
und des menschlichen Bewusstseins". (Bossin-
ger, 2008, S.163)

Auch Adamek sieht es so:

„Durch Singen synchronisiert der Mensch unbe-
wusst die verschiedenen Schwingungssysteme
des Körpers und optimiert so die Funktionsfähig-
keit des Ganzen". (Adamek, 2008, S.179)

Wolfgang Bossinger weist darauf hin, dass gemeinsames Singen soziale Bindungen stärkt. Dies ist sowohl beim Menschen, als auch im Tierreich festzustellen. Außerdem werden durch gemeinsame Gesänge, soziale Spannungen reguliert und als Gruppe kann gemeinsame Stärke demonstriert werden, welche früher auch dem Überlebenszweck diente. Dass Singen genutzt wurde bzw. wird, um soziale Spannungen zu regulieren, hat man früher gern als Aberglaube abgetan. Heutzutage, *„vor dem Hintergrund aktueller Erkenntnisse über endokrinologischer, neurobiologischer, chronomedizinischer und psychologischer Wirkungen von Gesang",* (Bossinger, 2008, S.164) erscheint diese Handhabe weit weniger kritisch. (Bossinger, 2008, S.163f.)

Bossinger sagt:

> *„Aktuelle chronobiologische und chronomedizinische*[61] *Forschungen konnten zeigen, dass menschliche Gesundheit in einem engen Zusammenhang mit einem harmonischen Zusammenschwingen der verschiedenen Körperrhythmen (z.B. Puls, Atmung, Blutdruck, periphere Durchblutung, hormonelle Zyklen, usw.) besteht, während sich Krankheitsprozesse und Stresszustände durch einen Zerfall dieser harmonischen Synchronisierung äußern. (...)*
>
> *Für die Medizin der Gegenwart und der Zukunft wird es also immer wichtiger, Wege zu finden, wie die zunehmend bedrohte Rhythmik des Körpers wieder in Einklang gebracht werden kann.*
>
> *Erstaunlicherweise sind musikalische Schwingungsvorgänge in der Lage, direkt auf den menschlichen Körper einzuwirken und durch Resonanzprozesse die Körperrhythmen wieder in Einklang zu bringen – also dem Körper zu helfen, zu einem »gesunden Schwingen« zurückzufinden". (Bossinger, 2008, S.169)*

---

[61] Chronomedizin bzw. Chronobiologie beschäftigt sich mit der Erforschung von menschlichen Rhythmen.

Auch Trauer ist über Gesänge bewältigbar. Die Tatsache, durch Klagegesänge Verstorbene zu betrauern und so seine Gefühle zu verarbeiten, kann in sehr unterschiedlichen Traditionen festgestellt werden. Dadurch wird *„von einem universellen Phänomen der Trauerbewältigung durch Gesang ausgegangen".* (Bossinger, 2008, S.165) Bei Trauerritualen geht es nicht ausschließlich um die Verabschiedung und damit verbundene Trauer um einen Verstorbenen, auch Übergänge in neue Lebensabschnitte können auf diese Weise zelebriert werden. Es geht hierbei um das bewusste Zelebrieren eines Abschiedes, um so die Verarbeitung zu erleichtern. (Bossinger, 2008, S.166)

Bossinger zeigt anhand verschiedener Beispiele, inwiefern Singen heilende Wirkung haben kann. So hatte die Gründung eines Chores für Wohnsitzlose deutlich positive Wirkung auf deren Leben, sowohl in Bezug auf ihr individuelles (Suchtmittelkonsum) als auch auf ihr zwischenmenschliches Verhalten. (Bossinger, 2008, S.167f.) Ebenso hat Singen nachweislich eine antidepressive Wirkung, da beim Singen entsprechende antidepressiv wirkende Botenstoffe im Gehirn ausgeschüttet werden. (Bossinger, 2008, S.169):

> *„Vielsingende Menschen sind – wie Untersuchungen des Gesangsforschers Karl Ademek gezeigt haben – weniger gereizt und erregbar, verfügen über eine größere Gelassenheit, mehr Selbstbewusstsein und haben eine zuversichtlichere Lebenseinstellung im Vergleich zu wenig singenden Menschen. Viel spricht also dafür, dass regelmäßiges Singen eine gute Bewältigungsstrategie im Umgang mit emotionalen*

In einer Untersuchung, die Wolfgang Bossinger gemeinsam mit dem Chronomediziner Prof. Moser durchgeführt hat, konnte festgestellt werden, dass *„Formen wie Mantra-Singen und Vokaltönen in der Lage sind, durch gezielte Veränderung des Atemrhythmus Resonanz-vorgänge im Körper auszulösen, die blockierte Rhythmen wieder in Gang bringen können"*. (Bossinger, 2008, S.169)

Um ebensolche positiven Effekte durch Singen hervorzurufen, ist wichtig, dass das Singen in keinster Weise bewertet oder mit Leistungen oder sogar Perfektion verknüpft wird. (Bossinger, 2008, S.171)

5.2.1 Musik in der Sozialen Arbeit

Wie erwähnt, hat Musik viel Heilpotential und kann zu unterschiedlichen Zwecken eingesetzt werden. Darüber hinaus können durch den Einsatz von Musik individuelle Fähigkeiten und Fertigkeiten sowie die Identitätsentwicklung vielfältig gefördert werden. Dabei können persönlich-psychologische, soziale und musikalische Ziele verfolgt werden. (Kühnel, 2014)

In ihrem Artikel „Rhythmik" beschreibt Renate Kühnel, welche Ziele sich mit Rhythmik in der Sozialen Arbeit verfolgen lassen. Diese sind u.a. Sensibilisierung der Sinne, Konzentration, Soziales Lernen, Empathie, Kommunikation, Expressivität, Flexibilität und Spontanität, Fantasie und Kreativität, Orientierung und Überblick. (Kühnel, 2004, S.169) All diese Eigenschaften – und noch viele mehr – lassen sich genauso ausschließlich mit Musik fördern. Man kann hierbei sowohl Wahrnehmungs-, Darstellungs- als auch Ausdrucksaspekte schulen und verfeinern.

Musik ist sehr vielfältig, sodass individuelle Bedürfnisse gut berücksichtigt werden können. Auch hier gilt es allerdings von Beginn an, Vorurteile und Hemmschwellen abzubauen. Dies gelingt vor allem durch ein niedriges Anfangsniveau, das, je nach Können, vielfach gesteigert werden kann. (Hill, 2004, S.125) Hilfreich ist es auch, an dem Können der Teilnehmer_innen anzuknüpfen, um möglichst schnell Erfolgserlebnisse zu erzeugen. Dies gilt sowohl für allgemeine Fertigkeiten wie Rhythmusgefühl als auch das Spielen von Instrumenten.

Wie bei Tanz und Bewegung ist die Herangehensweise und die Auswahl des Inhalts durch die Leitungsperson von entscheidender Bedeutung. Hier sollte auf das eigene Können zurückgegriffen werden, um Sicherheit im eigenen Tun zu haben um damit Sicherheit vermitteln zu können.

5.2.2 Möglichkeiten in Bezug auf Trauma

Neben den aufgezeigten positiven Wirkungsweisen von Musik und Gesang gilt es im Rahmen der vorliegenden Arbeit insbesondere herauszufinden, was Musik in Bezug auf Traumaarbeit und Traumabearbeitung für Möglichkeiten bietet.

John Beaulieu findet dafür sehr klare Worte:

> *„Musik und Klang können neue Wege aufzeigen, wie negativer Stress umgewandelt, wie Traumata geheilt, wie Schmerz gelindert und ein erweiterter Bewusstseinszustand ohne die Einnahme von Drogen erreicht werden kann". (Beaulieu, 2010, S.8)*

Wie erwähnt (s. Kapitel 4.4.1), kann eine „heilende Gemeinschaft" zum Genesungsprozess nach einer Traumatisierung beitragen. Durch gemeinsames Singen können solche Heilräume geschaffen werden und somit Heilung eintreten, indem aktiv mitgesungen wird bzw. indem man sich besingen lässt. Musik und Gesang erzeugen Schwingungen (s. Kapitel 5.2), die vom Körper wahrgenommen werden und auf den Menschen wirken.

Scherwath und Friedrich weisen darauf hin, dass es wichtig ist, auf die Basisbedürfnisse der Betroffenen zu achten (s. Kapitel 4.4.1). Beim Singen hat der Mensch die Möglichkeit, sich selbst zu spüren und wahrzunehmen. Diese Wahrnehmung kann durch Übung erlernt und verfeinert werden. Wer mit sich selbst in Kontakt ist und lernt, seinen Körper und dessen Signale zu spüren, kann auch für sich sorgen und seine Bedürfnisse äußern. Die eigenen Bedürfnisse zu äußern ist ein großer Schritt, um die eigene Handlungsfähigkeit wiederzuerlangen.

Sicherheit ist für traumatisierte Menschen von großer Bedeutung. Wie schon beschrieben kann ein Sicherheitsgefühl durch einen klaren Rhythmus und sich wiederholende Motive gegeben werden (s. Kapitel 5.1.1). Dies gilt auch für die Musik. Bei der Arbeit mit Traumatisierten sollte Musik ausgewählt werden, die einen klaren Rhythmus mit Ostinato[62] aufweist. So können die Teilnehmer Sicherheit erleben und diese Erfahrung mit in ihren Alltag nehmen. Auch bei der Anleitung sollte eine strukturelle Klarheit erkennbar sein, um ein Sicherheitsgefühl zu ermöglichen. Wird mit mehrstimmigen Liedern gearbeitet, ist es wichtig, jede Stimme einzeln zu üben, sodass sich jeder sicher fühlt in dem, was er oder sie zu singen hat. Hier gilt es immer, eine Gradwanderung zwischen Über- und Unterforderung zu meistern, da in einer Gruppe unterschiedliche Lerntempi vorhanden sind.

Singen ist etwas sehr persönliches, weshalb sich viele nicht trauen zu singen. Beim Singen öffnet sich das Herz und man kann sich schnell verletzlich fühlen. Darum ist es sehr wichtig, schon vorher

---

62 Ostinato: sich wiederholende musikalische Figur; sowohl in der Melodie, als auch im Rhythmus möglich.

ein Gefühl von Sicherheit zu erzeugen und eine gute Beziehung zu schaffen. Beziehungen können auch durch gemeinsames Singen entstehen und somit eine Ressource bilden.

Auch beim Musizieren, ohne Gesang, kann durch klare Rhythmen und Ostinati ein Gefühl von Sicherheit erzeugt und erlebt werden.

Wenn die anleitende Person sich auf die Teilnehmer_innen und deren Niveau einstellt bzw. einschwingt, ist es möglich, sehr schnell Erfolgserlebnisse zu haben, was zu einer Stärkung des Selbstbildes beitragen kann und Betroffene in ihrer Handlungsfähigkeit fördert. Hier ist es auch hilfreich, auf mögliche Ressourcen zurückzugreifen, also musikalisch damit zu arbeiten, was evtl. schon gekonnt wird, sei es ein Musikinstrument oder bekannte Lieder.

5.2.3 Abgrenzung zur Musiktherapie

Musik kann therapeutisch eingesetzt werden, sowohl als aktiver als auch als passiver Prozess. Um die heilende Wirkung von Musik erfahren zu können ist ein bewusstes Zuhören wichtig. Also ein ausschließliches Zuhören, so dass *„Bilder, Erinnerungen, Stimmungen und Gefühle zutage kommen [können], beglückende und beängstigende".* (Kraus, 2002, S.19) Seit Ende der fünfziger Jahre wurde im therapeutischen Kontext zusätzlich eingeführt, über Gefühle zu sprechen, welche während des Musizierens oder Zuhörens entstehen (Kraus, 2002, S.14f.).

Wolfgang Bossinger ist der Meinung, dass Musiktherapie *„aus der Sicht der modernen Gehirnforschung einen wichtigen Beitrag zur Überwindung seelischen Leidens als eine Form wirksamer Psychotherapie"* bietet. (Bossinger u.a., 2008, S.18)

Gerald Hüther weist darauf hin, dass Musik, wie auch Sprache,

> *„von allen menschlichen Kulturen als Kommunikationsmedium genutzt [wird,] um das soziale Leben zu organisieren und die Mitglieder sozialer Gruppen aneinander zu binden. Neben der Gesprächstherapie zählt deshalb auch die Musiktherapie zu den ältesten psychosozialen Therapieformen, die Menschen zur Heilung und Reintegration von Gruppenmitgliedern eingesetzt haben (...) Häufig wird Musiktherapie auch genutzt, um innere Spannungszustände aufzulösen, Resonanz- und Harmoniesierungseffekte auszulösen und auf diese Weise die Ausbreitung*

und das Aufschaukeln unspezifischer Angst- und Erregungszustände zu unterbinden. Für diese beruhigenden Wirkungen sind drei Faktoren von besonderer Bedeutung: Vertrautheit, Rhythmus und Ordnung". (Hüther, 2008, S.116f.)

Wie in vielen Bereichen, gibt es auch bei der Musiktherapie unterschiedliche Methoden der Umsetzung. Die beiden großen Gruppen hierbei sind die *Rezeptive Musiktherapie* und die *Aktive Musiktherapie*. (Kraus, 2002, S.16) Weiter gibt es auch Formen die beides beinhalten.

Genauer darauf einzugehen, wie Musiktherapie praktiziert wird und was es dabei für genaue Unterschiede gibt, würde den Rahmen dieser Arbeit sprengen. Der Hauptgrund, hierauf nicht weiter einzugehen ist, dass bei den *Tänzen des Universellen Friedens* die Musik nicht im therapeutischen Sinne genutzt wird.

Im Folgenden wird aufgezeigt, inwiefern die *Tänze des Universellen Friedens* Ihren Beitrag zur Unterstützung von Heilungsprozessen leisten können.

5.3 Möglichkeiten der *Tänze des Universellen Friedens*

Wie beschrieben können Musik, und im speziellen Gesang, und Bewegung bzw. Tanz viel beim Menschen bewirken. Daher eignen sie sich gut als Methode in der Sozialen Arbeit zur Unterstützung von Heilungsprozessen. Da die *Tänze des Universellen Friedens* Bewegung, Musik und Gesang vereinen (s. Kapitel 2 Die *Tänze des Universellen Friedens*), bergen sie doppeltes Potential, um beim Menschen etwas zu bewirken.

Dass die *Tänze des Universellen Frieden* als Methode in der Sozialen Arbeit eingesetzt werden können, liegt u.a. daran, dass sie niemanden ausschließen – jeder kann mitmachen. Saadi beschreibt sehr deutlich:

> *„Die Tänze sind nicht elitär, erfordern kein spezielles Training und beinahe jede/r kann mitmachen – sie werden sogar von Menschen im Rollstuhl getanzt. Auch „Nicht-TänzerInnen" können an dem Wunder der Tänze – diesem Gruppengefühl, dieser Freude – teilhaben. Gleichzeitig dient diese Form dazu, Bewegung, Gefühl und Körperbewußtsein zunehmend zu verfeinern. Dabei entdeckt man mehr und mehr sich selbst und die Welt. Zusammen mit der von Lewis entwickelten Form der Gehmeditation führen die Tänze mehr und mehr zur Konfrontation und schließlich Bejahung unseres ureigensten Wesens. Das ist „Frieden und Sicherheit" auf den Körper bezogen".*
> *(Douglas- Klotz, 1995a, S.16)*

Frieden und Sicherheit für den Menschen zu schaffen, ist ein großes Ziel in der Sozialen Arbeit. Ohne dies wäre ein Arbeiten mit dem Menschen nicht möglich. Zuallererst braucht es äußerlich Frieden und Sicherheit, um durch die gemeinsame Arbeit inneren Frieden und Sicherheit entstehen zu lassen. Hierzu bergen die *Tänze* ein großes Potential, denn:

> *„Von Anfang an haben sich die Tänze nicht nur als sichtbare „Friedensdemonstration" entwickelt, sondern auch als eine therapeutische Bewegungsschulung, die neue erzieherische Impulse gibt – ein Weg, die persönlichen wie globalen Wurzeln von Krieg und Frieden zu heilen".* (Douglas-Klotz, 1995a, S.12)

Nun bestehen die *Tänze des Universellen Friedens* aus Bewegung und Gesang. Hier stellt sich die Frage, ob einer der beiden Teile wichtiger ist, wenn es um Heilungsprozesse geht.

Bedeutung von Kreis und eigenem Singen

Rahmana Dziubany sieht sehr viel Heilungspotential in der Kreisform. Die *Tänze des Universellen Friedens* finden in der Regel im Kreis statt – es handelt sich also um Kreistänze –, was eine große Kraft erzeugen kann. Das Symbol des Kreises findet sich oft in Verbindung mit Ritualen, egal in welcher Tradition. Der Kreis ist eine durchgehende Figur, sie ist ungebrochen und hat dadurch eine spezielle Energie, die genutzt werden kann. (Dziubany, 2014, S.9) Auch Alima erwähnt die Kraft des Kreises, da es in dieser Form möglich ist, als gleichwertige Individuen nebeneinander zu sein. Es wird niemand hervorgehoben oder ausgeschlossen. (Alima, 2014, S.5; Mayer, 2004, S.216)

Noch wichtiger ist für Rahmana der Klang. Sie ist der Meinung, bei den *Tänzen* steht der Klang im Mittelpunkt, da in ihm die Heilkraft liegt. (Dziubany, 2014, S.1) Wie erwähnt (s. Kapitel 5.2 Möglichkeiten von Musik), erzeugen Musik und Gesang – also Klang – Resonanz im Körper, welche heilsame Wirkung haben kann. Im Fall der *Tänze* werden meist heilige und zum Teil sehr alte Worte gesungen. Diese Worte werden schon seit vielen Jahrhunderten und von vielen Menschen gesungen oder gebetet. Dadurch besitzen sie eine ganz besondere Energie bzw. Magie. Rahmana erklärt dies anhand der Arbeit von Rupert Sheldrake[63], der morphogenetische Felder erforscht. Diese Felder sollen wie ein Gedächtnis funktionieren und unter anderem auch Klänge speichern. Wenn nun alte Lieder oder Gebete gesungen bzw. rezitiert werden, wird deren gespeicherte Energie angezapft und kann in tiefen Schichten des Bewusstseins oder der Seele wirken. (Dziubany, 2014, S.10)

---

63 Rupert Sheldrake: *28.Juni 1942, Biologe und Buchautor; http://www.sheldrake.org/deutsch.

Die heiligen Worte, die gesungen werden, erfüllen den Körper mit Resonanz und schaffen somit ein unverfälschtes Gefühl für jede Tradition. (Douglas-Klotz, 1995a, S.15) Weiter versetzt die Resonanz den ganzen Körper in eine Schwingung und macht ihn dadurch zum Dom. Er verkörpert somit, was in der christlichen Bibel zu lesen ist: *„Der menschliche Körper ist der Tempel des Heiligen Geistes".* (Lewis, 1995a, S.21, Tagebucheintrag vom 24.11.1969)
Was aber noch wichtiger ist, so sagt SAM selbst:

> *„vermag dieses Gefühl [das durch das Tanzen ausgelöst wird] auch die vergessenen, verschmähten Stellen in unseren Zellen und unserer Psyche ans Tageslicht zu bringen".* (Douglas-Klotz, 1995a, S.15)

Saadi beschreibt weiter:

> *„Zusätzlich werden in einigen Tänzen auch freie Bewegungen angewandt, sodaß jeder sich seine eigenen authentischen Bewegungen mit der unterstützenden Gruppenbewegung „neu- erschaffen" kann. Im Unterschied zur traditionellen Tanztherapie ist dies ein viel effektvollerer Weg. Er vermittelt den TeilnehmerInnen die Erfahrung einer neuen Kreativität und Bewegungsfreiheit, anstatt der trügerischen Erforschung gewöhnlicher Bewegungen und persönlicher Neurosen".* [sic.] (Douglas-Klotz, 1995a, S.15)

Gita Sophia Onnen erwähnt auch den Atem als ein zentrales Element. Nach ihr ist Klang auch Atem. (Onnen, 2014, S.1f.) Der Atem schafft einen wichtigen Rhythmus im menschlichen Körper. Am Atemrhythmus lassen sich schnell Unruhe und andere Emotionen ablesen. Gleichzeitig kann durch die Kontrolle des Atemrhythmus auch die emotionale Ebene beeinflusst werden. Der Traumaexperte Peter Levine nutzt den Atem in seiner Arbeit, da er ein natürlicher Rhythmus des Körpers ist, der sowohl automatisch stattfindet, als auch kontrolliert werden kann. Ein Ziel von Levine ist, seine Klient_innen zu einem natürlichen Atemrhythmus zurückzuführen. Er betont dabei, dass es wichtig ist, sehr vorsichtig vorzugehen, da es hierbei auch zu einer erneuten Traumatisierung kommen kann, wenn zu schnell zu viel empfunden wird. (Auditorium, 2013, 2.Teil, ab 1:00:00) Levine nutzt bei seiner Arbeit eine Übung, bei der er solange tönt, bis der nächste Ein-Atemzug von selbst kommt.

Auch durch Singen wird der Atemrhythmus kontrolliert, zwar nicht so bewusst wie bei der Übung von Levine, aber durch die Phrasen eines Liedes wird geregelt geatmet. Dadurch, dass die Lieder für die *Tänze des Universellen Friedens* selbst gesungen werden, ist Atemarbeit quasi ein fester Bestandteil des Tanzens und kann bewusst eingesetzt werden.

Bedeutung der Bewegung

Nun stellt sich allerdings noch die Frage, welche Bedeutung der Bewegung zugemessen werden kann.

Auf den ersten Blick könnte man meinen, dass die Bewegung im Vordergrund steht, da es sich ja um *TÄNZE des Universellen Friedens* handelt. Durch den Namen wird die Bewegung hervorgehoben und es ist nicht ersichtlich, welche Rolle die Musik spielt.

Die Autorin ist der Meinung, dass die Bewegung in der Weise dienen sollte, wie Jaques-Dalcroze ihre Rolle sieht. Durch sie wird der Klang deutlich spürbar und in den Körper gebracht. Der Körper wird noch mehr in Schwingung versetzt, wodurch die Wirkung, die Musik und Klang haben, verstärkt werden kann. Somit kann gesagt werden, dass die Bewegung als Vehikel dient, um die Erfahrungen und die möglichen Prozesse zu vertiefen und um in den eigenen Körper zu kommen. Gita beschreibt genau dies, nämlich die Menschen in ihre Körper zu bringen, als ein Hauptziel der *Tänze*:

> *„Dass sie ein Zuhause finden in diesem Körper*
> *(...) und sozusagen die göttliche Seele, den Geist*
> *einladen, wirklich in diesem Körper zu wohnen".*
> *(Onnen, 2014, S.1)*

Die Bewegung ist hierbei entscheidend. So kommt es immer auf die Zielsetzung an, ob nun Bewegung oder Klang im Vordergrund stehen.

Hermle und Bossinger erwähnen in ihrem Text auch rhythmische Stimulation, die durch Tanzbewegungen erzeugt werden kann und von vielen Traditionen genutzt wird, um unter anderem zu einer

Veränderung des Wachbewusstseinszustands zu führen. Allerdings findet dies meist im Zuge ritueller Handlungen statt. (Hermle u.a., 2008, S.122f.) Die *Tänze des Universellen Friedens* ermöglichen eine rhythmische Bewegungsstimulation durch die einfachen, sich immer wiederholenden Bewegungen. Dadurch kann eine Art von Trancezustand eintreten bzw. es kann gelingen, den Kopf von sämtlichen Gedanken frei zu machen und in ein Flow-Erleben[64] einzutauchen. Der bzw. die Tanzende befindet sich einfach im Hier und Jetzt und muss sich keinerlei Sorgen um Gestern oder die Zukunft machen. So stellt sich ein Gefühl von Freiheit ein, wobei die Konzentration auf den Atem hierbei sehr hilfreich ist. (Gurdić, 2014, S.3; Onnen, 2014, S.1)

Die *Tänze* sind *„eine ‚persönliche Erfahrung', nicht eine ‚Methode'"* (Appia zit. nach Kugler, 2000, S.63), wie es Jaques-Dalcroze auch über seine Arbeit sagte. Die *Tänze* erzeugen, ebenso wie die Bewegungsarbeit nach Jaques-Dalcroce, eine Verbindung zwischen Geist und Körper und haben somit einen ethischen Wert (Kugler, 2000, S.64).

Neben der Wirkung auf das Individuum können die *Tänze des Universellen Friedens* auch auf das Gruppengefühl wirken. Viele der Interviewpartnerinnen nennen das Gemeinschaftsgefühl, welches durch die *Tänze* entsteht, mit als Hauptgrund, warum sie von den *Tänzen* so begeistert sind und sie seit vielen Jahren immer wieder praktizieren bzw. weitergeben. (Dziubany, 2014, S.8; Müller Schweizer, 2014, S.1; Auf der Maur, 2014, S.2)

---

64 Beim Flow-Erleben kommt der Mensch in einen besonderen Bewusstseinszustand, der durchweg positiv empfunden wird. Gefühle wie Glück und Zufriedenheit werden erlebt. (vgl. Wurzler & Stenger)

Bossinger, der die *Tänze des Universellen Friedens* selbst erlebt hat und auch mit ihnen arbeitet, sagt:

> *„Ja ich glaube, es gibt kaum etwas, dass in dem Maße, in der Schnelligkeit, ein Gefühl von Gemeinschaft erzeugt, wie diese Art des Singens. Das ist vielleicht einer der Gründe, warum es auch missbraucht wurde, z.B. auch im Nationalsozialismus. Das ist eben dieses starke Gemeinschaftsgefühl – alles was stark wirkt, kann man auch für negative Sachen benutzen. Aber andererseits wissen wir aus musikpädagogischen Forschungen, dass das Einfühlungsvermögen gefördert wird, die soziale Kompetenz z.B. bei Kindern, durch diese Form des Musizierens und Singens. Und was man einfach erleben kann, dass Menschen nach wenigen Stunden eben sich sehr glücklich fühlen, sehr gelöst. Dass sie wegkommen vom Kopf, vom Denken, ja einfach ein starkes Gefühl von Glücklich sein, von Sinnhaftigkeit – also wissenschaftlich gesprochen nennt man das sogenannte „strong experience with music", „starke Musikerfahrung" die eine Verbindung schafft zum Religiösen, zum Transzendenten und zum Lebenssinn".* (Bossinger, 2008a, Hauptfilm, Min. 8:42-9:50)

Neben dem Gemeinschaftsgefühl, das durch die *Tänze* entstehen kann und welches dafür sorgt, dass sich ein Gefühl von nach-Hause-kommen einstellt, öffnen die Gesänge und Bewegungen die Herzen und bauen emotionale Mauern ab. (Gurdić, 2014, S.2; Onnen, 2014, S.4) Es kommt vor, dass Menschen anfangen zu weinen – aus Trauer oder Rührung – und es wird oft erlebt, dass es sehr gut tun kann und sich etwas auflöst, wenn diese Emotionen gespürt werden, ohne sie direkt benennen zu müssen. (Gurdić, 2014, S.2; Auf der Maur, 2014, S.3) Durch das *Sich-öffnen* ist es möglich, auch an negative Emotionen heranzukommen bzw. sie zuzulassen, die sonst im Unterbewusstsein schlummern. Rafia merkt dazu an, dass die *Tänze* den Menschen durch so ein Tief tragen können, ohne dass dabei ein Gefühl von Hilflosigkeit entsteht. Auch ist es meistens so, dass mit dem Ende eines Tanzes auch das Tief wieder überwunden ist. Rafia, die all dies sehr einfühlsam beschreibt, weist weiter darauf hin, dass sich nach einer Weile meist eine Ebene einstellt, auf der die *Tänze* einfach als Nahrung empfunden werden. (Sieglin, 2014, S.4) Durch das gemeinsame Tanzen, Singen und Erleben entstehen Beziehungen und Freundschaften die *„Nahrung auf allen Ebenen"* bieten, die verbinden und in sich heilende Wirkung haben können. (Alima, 2014, S.3; Onnen, 2014, S.4)

Generell muss angemerkt werden, dass das Empfinden sehr individuell ist und es nicht automatisch bedeutet, dass jeder beim Tanzen emotional aufgewühlt wird oder schmerzliche Empfindungen hat.

Sowohl durch die *Tänze* als auch durch die Gänge ist es möglich, mit seinem eigenen Körper und seiner eigenen Seele in Kontakt zu kommen. Dies sorgt für eine tiefe, innere Ruhe und kann allein dadurch schon zur Heilung beitragen. Stinson[65] schreibt diesbezüglich in einem Brief an Anna Halprin:

> *„Ich bin wesentlich ruhiger und gesünder, wenn ich auf die Signale meines Körpers höre. Die wahre Quelle meiner Kraft und Heilung befindet sich in meinem Inneren, und es ist wichtig für mich, nach innen zu gehen, dort zu leben, von dort zu schauen und allem, was dort auftaucht, entgegenzutreten, Frieden damit zu schließen und von dort aus auch Kontakt nach außen aufzunehmen". (Stinson zit. nach Halprin, 2000, S.200)*

---

65 Ein Freund von Anna Halprin.

5.3.1 Die *Tänze des Universellen Friedens* in der Sozialen Arbeit

In diesem Teil wird versucht, eine Antwort auf die im Zentrum stehende Frage zu geben. Es soll aufgezeigt werden, inwiefern sich die *Tänze des Universellen Friedens* eignen, um als Methode in der Sozialen Arbeit angewendet zu werden.

Generell enthalten Kreistänze, nicht nur die *Tänze des Universellen Friedens*, Elemente, die gut in der Sozialen Arbeit genutzt werden können. So beschreibt Birgit Mayer[66], dass die Kreisform Sicherheit birgt. Durch die Bewegung der anderen wird der Einzelne mitbewegt und ist nicht auf sich allein gestellt. Weiter stellt sie dar:

> *„Die Gemeinsamkeit des Bewegens ermöglicht auch ein Miteinander-Empfinden. Das eigene Körperempfinden wird durch den gemeinsamen Bewegungsrhythmus verstärkt. Die Berührung [in Form von Händehalten] schafft darüber hinaus den direkten Kontakt zum anderen Menschen, wodurch persönliche Berührtheit entstehen kann und ein Erfassen des anderen möglich wird".* (Mayer, 2004, S.216)

Durch die stete Wiederholung der Abläufe ermöglichen Kreistänze *„ein Tanzen „ohne Denken" und ein Sich-Hingeben an die Bewegung und den Rhythmus. Ein gelöstes und spannungsabbauendes Tanzen wird möglich".* (Mayer, 2004, S.217) Dies sorgt dafür, dass die Men-

---

66 Birgit Mayer: Dipl. Sozialpädagogin, Dipl. Pädagogin, Approbierte Kinder- und Jugendpsychotherapeutin, Lehrtherapeutin für Tanztherapie und Ausbilderin; seit 2006 2. Vorsitzende der Deutschen Gesellschaft für Tanztherapie.

schen in ihren Körper kommen und im Hier und Jetzt sind. Dies kann für unterschiedlichste Klient_innen eine wichtige Erfahrung sein und schon allein dadurch positive Effekte erzeugen, dass ein mögliches Gedankenkarussell gestoppt wird.

Durch Einfachheit von Bewegung und Melodie ermöglichen Kreistänze *„relativ schnelle Erfolgserlebnisse, die das Zutrauen in die eigenen Bewegungsfähigkeiten, in ein differenziertes Raum- und Formgefühl und in die Ausdruckskompetenz wachsen lassen können"*. (Mayer, 2004, S.217)

Die geführten Experteninterviews ergaben vielerlei Begründungen, die darstellen, weshalb sich die *Tänze des Universellen Friedens* eignen, um für die Soziale Arbeit genutzt zu werden. Dabei kann zunächst einmal grob unterschieden werden, zu welchem Zweck die *Tänze* eingesetzt werden – zur sinnvollen Freizeitgestaltung, zur Förderung bzw. Wohlbefinden des Individuums oder zur Gruppenentwicklung.

Sinnvolle Freizeitgestaltung

Rahmana Dziubany beschreibt im Interview, dass sie oft erlebt hat, dass Menschen in sozialen Einrichtungen teilweise sich selbst überlassen und nicht richtig gefördert werden. Dies kann dazu führen, dass sie einfach vor dem Fernseher „geparkt" sind und unaktiv die Zeit verstreichen lassen. Hier können die *Tänze des Universellen Friedens* als sinnvolle Freizeitaktivität eingesetzt werden, um die Menschen wieder in Bewegung zu bringen und ihnen Lebensfreude zu vermitteln. (Dziubany, 2014, S.11f.) Allerdings setzt dies motiviertes Personal voraus, welches selbst Lust und Freude daran hat, mit den Klient_innen etwas Sinnvolles zu machen.

Individuum

Zwar werden die *Tänze des Universellen Friedens* in der Regel mit einer Gruppe praktiziert, trotzdem kann jede_r Einzelne individuell etwas erleben und für sich mitnehmen. Daher bergen die *Tänze* in dieser Hinsicht enormes Potential.

Sie können die Tanzenden zur Ruhe bringen, in einen Zustand der Entspannung versetzen. (Alima, 2014, S.1) Dies wird vor allem durch die stete Wiederholung von Bewegungen und Melodien ermöglicht.

Generell wird beschrieben, dass die *Tänze* Leichtigkeit, Freude, Frieden, Gelassenheit, Heilung und Kraft – zum Teil bis auf zelluläre Ebene – und Lebensfreude vermitteln können. (Müller Schweizer, 2014, S.2; Onnen, 2014, S.12) Jeder kann davon profitieren, diese Aspekte zu erleben und solches Erleben kann auch förderlich sein, um weitere Prozesse in Gang zu bringen. Die Autorin konnte durch die Kooperation mit der Lebenshilfe Regensburg selbst erleben, welche Freude durch die *Tänze* erlebbar gemacht werden kann, wie die Gesichter der Teilnehmer_innen zu strahlen begannen und dass Teilnehmende In einer Weise mitmachten, die man von ihnen nie erwartet hätte.

Da unterschiedliche *Tänze* unterschiedliche Energien in sich tragen, können diese gezielt eingesetzt werden, um das Individuum zu fördern. Sie können sowohl zur Aktivierung als auch zur Beruhigung eingesetzt werden. Dazu muss sich der oder die Leitende über die jeweiligen Energien bewusst sein.

Neben den unterschiedlichen Energien können auch die unterschiedlichen Tanzformationen[67] genutzt werden. Dies beschreibt Maria Müller Schweizer sehr klar:

> *„Es gibt Tänze, die intensivieren den Kontakt zu mir, zu einer Qualität in mir, z.B. Kraft oder Mitgefühl und andere Tänze, die helfen mir, mehr das „Du oder Wir" zu erfahren". (Müller Schweizer, 2014, S.2)*

Je nachdem welche Zielsetzungen es gibt, können die *Tänze* dementsprechend ausgewählt werden.

Durch die *Tänze* wird versucht, den Selbstwert zu stärken und zu lernen, gut zu heißen was ist, was man selbst hat bzw. wie man selbst lebt. (Sieglin, 2014, S.7) So sind die *Tänze* ein unglaubliches Werkzeug für die eigene Reifung und für die Entfaltung des eigenen Selbst. Dadurch können sie als Quelle der Erneuerung gesehen werden. (Onnen, 2014, S.2f.) Birgit Mayer sagt diesbezüglich:

> *„Die mit Bedeutung gefüllten Bewegungs- und Ausdrucksweisen hinterlassen Eindrücke, lösen Resonanzen und Reaktionen aus, die neue Zugangsweisen zu sich und zur Welt bieten und somit die eigene Persönlichkeit weiter entwickeln können". (Mayer, 2004, S.217)*

---

67 Partnertanz; Kreistanz bei dem jeder für sich tanzt, allerdings verbunden durch Kreisfassung; Kreistanz bei dem jeder für sich tanzt und auch nicht in Berührung mit den anderen kommt – z.B. auf der Kreislinie hintereinander hergehen.

Es wird auch oft erlebt, dass die Melodien noch tagelang „nachklingen" und „nachschwingen". So begleiten die *Tänze* und Gesänge die Menschen auch in ihrem Alltag, was eine gewisse Nachhaltigkeit in sich birgt. Dabei ist zu bemerken, dass, je mehr Erfahrung die Tanzenden haben, desto intensiver einzelne Ereignisse nachwirken und desto länger auch die Wirkung anhält. (Alima, 2014, S.5)

Neben den *Tänzen* hat Samuel L. Lewis auch Gehmeditationen kreiert (s. 2. Die *Tänze des Universellen Friedens* > Gänge). Diese können ebenfalls in der Sozialen Arbeit eingesetzt werden. Für Gita sind die Gänge ein wichtiges Werkzeug, um sich selbst kennenzulernen und eine Möglichkeit, gut alleine zu praktiziert. Da es unterschiedliche Gänge mit unterschiedlichen Qualitäten gibt, können sie genutzt werden, um Energien auszugleichen oder unterschiedliche Energien erfahrbar zu machen. (Onnen, 2014, S.2)

Wie beschrieben, werden die *Tänze* in der Regel mit mehreren Menschen gleichzeitig durchgeführt, schon allein um eine Kreisbildung zu ermöglichen. Trotzdem können die Gesänge und Bewegungen auch in der Einzelarbeit eingesetzt werden. Hierzu eignen sich besagte Gänge sehr gut.

Die Gruppe

Gemeinsames Singen und Tanzen verbindet enorm. So können die *Tänze des Universellen Friedens* auch genutzt werden, um ein Gruppengefühl zu stärken.

Durch andere Teilnehmer_innen kann heilsame Berührung ermöglicht werden. (Alima, 2014, S.5) Viele Menschen sind heutzutage Berührungen nicht mehr gewöhnt. Schon allein durch das Händehalten im Kreis kann hier eine Annäherung erzeugt werden, welche gleichzeitig Sicherheit schafft.

Innerhalb der Gruppe kann durch bewussten Einsatz von *Tänzen* ein differenziertes Nähe-Distanz-Erleben ermöglicht werden. So gibt es *Tänze,* die keinerlei Berührung beinhalten, bei denen nicht einmal der Kreis geschlossen wird. Beim Großteil der *Tänze* kommt allerdings Berührung durch die Kreisfassung zustande. Andere wiederum beinhalten mehr Nähe mit einer anderen Person, meist in Form von Partnertänzen, bei denen es im Laufe des Tanzes zu einer Umarmung oder einem Hongi[68] kommt. Hier ist ein hohes Maß an Feingefühl von der anleitenden Person gefragt, um die Tanzenden nicht zu überfordern.

Innerhalb einer Gruppe können die *Tänze* auch eingesetzt werden, um die allgemeine Energie und Stimmung bzw. Atmosphäre zu stimulieren. So beschreiben zwei Lehrerinnen aus Bosnien-Herzegowina, dass sie die *Tänze* oft einsetzen, um die allgemeine Energie und Konzentrationsfähigkeit ihrer Schüler_innen wieder zu aktivieren. (Baćić & Ibrahimović, 2014, S.2)

---

68 Traditioneller Gruß der Maori, bei dem Nase und Stirn aneinander gelegt werden.

Weitere Aspekte

Zusätzlich zum Tanzen und Erleben ist es auch möglich, nach oder während einer Tanzsession in den gemeinsamen Austausch zu gehen. So ist es denkbar, dass sich einzelne Teilnehmer_innen in Kleingruppen, oder alle gemeinsam in der Großgruppe, austauschen, über ihre Erfahrungen berichten und so auch vom Erleben der anderen profitieren können.

Generell stellen die *Tänze des Universellen Friedens*, wenn es um therapeutische Hilfestellung geht, eine unterstützende Maßnahme dar. So können, nach Meinung der Autorin, die *Tänze* eingesetzt werden, um Prozesse zu begleiten und zu unterstützen. **Allerdings sind sie keinesfalls allein ausreichend, wenn eine therapeutische Maßnahme notwendig ist.**

5.3.2 Umsetzung

Bei der Umsetzung und Nutzung von den *Tänzen des Universellen Friedens* ist es sehr entscheidend, sich an der Zielgruppe zu orientiert und das eigene Vorgehen dementsprechend anzupassen. So können einzelne *Tänze* in eine Musik- und Bewegungsstunde mit Kindern eingebaut oder anderweitig eingestreut werden. Auch kann eine reine Tanzsession gestaltet werden. Bei der Auswahl der *Tänze* gilt es in Hinsicht auf die Zielgruppe auch auf die Intensität des Kontaktes zu achten. Es gibt *Tänze,* bei denen beispielsweise durch Umarmung ein großes Maß an körperlichem Kontakt hergestellt wird, andere *Tänze* wiederum laden zu Augenkontakt ein. Hier gilt es immer zu schauen bzw. zu erspüren, was in diesem Moment möglich und richtig ist.

Als SAM die *Tänze* schuf, waren sie für ihn eng mit Spiritualität verbunden. In der Praxis gilt es, diesbezüglich ein großes Maß an Feingefühl zu haben, inwiefern es angebracht ist, die spirituellen Aspekte mehr oder weniger sichtbar zu halten. Selbst wenn sie nicht direkt angesprochen werden, schwingen sie immer noch mit. SAM drückte dies wie folgt aus:

> *„Ihre [auf die Tänze bezogenen] spirituellen Fähigkeiten entfalten sich, ohne dass etwas über sie gesagt wird". (Lewis, 1995, S.24)*

Wenn man die *Tänze des Universellen Friedens* für sozialpädagogische Arbeit nutzt, ist die Tanzauswahl sehr entscheidend. Unterschiedliche *Tänze* haben sehr unterschiedliche Qualitäten und Energien und auch die Sprache, in der die Lieder gesungen werden, gilt es zu berücksichtigen. Es ist daher sehr hilfreich, wenn man die

Menschen, mit denen man tanzen will, bereits kennt. Beispielsweise kann es auf der einen Seite sehr hilfreich sein, arabische Worte zu wählen, wenn man mit Muslimen tanzt, wie im Praxisbeispiel. Die Worte sind dann evtl. schon bekannt und es kann ein Gefühl von Vertrautheit entstehen. Andererseits kann dies auch negativ aufgefasst werden, wenn bei den Teilnehmer_innen das Gefühl entsteht, ihre heiligen Worte werden unangemessen gebraucht. Beispielsweise kann allein die Tatsache, dass eine Frau die heiligen Worte singt (wenn die anleitende Person weiblich ist), als unangebracht empfunden werden. Wenn man die Teilnehmer_innen vorher kennt, kann man diesbezüglich eine Einschätzung und möglicherweise eine bessere Auswahl der *Tänze* treffen. Trotzdem ist es genauso üblich mit Menschen zu tanzen, die man vorher nicht kennt. Hier gilt es, in jedem Moment wachsam zu sein, um so Verunsicherungen oder ähnliches wahrzunehmen und darauf eingehen zu können.

Wie schon erwähnt (s. 2.2. Entstehung und Verbreitung > Weitergabe) ist die Einstimmung bei der Weitergabe von *Tänzen* von großer Bedeutung. Damit ist bemeint, sich mit einem Tanz zu beschäftigen bevor man ihn anleitet. Dies ist möglich, indem man die Worte oft wiederholt, laut oder in Gedanken – also mit dem *Tanz* geht –, sich seiner Bewegungen klar wird und sie sicher ausführen kann. (Alima, 2014, S.6; Onnen, 2014, S.13) Jeder *Tanz* hat eine eigene Energie und es gibt *Tänze*, für die man mehr Erfahrung braucht, andere hingegen kann man direkt anleiten. Hier gilt es, ein Gespür dafür zu entwickeln und auch im Kontakt mit seinem Mentor, seiner Mentorin zu sein. Ebenso gibt es Momente, in denen man den tiefen Wunsch verspürt, einen Tanz spontan anzuleiten. Hier ist es wichtig, diesem Gefühl nachzugehen, ohne sich von gedanklichen Begrenzungen bremsen zu lassen. (Alima, 2014, S.6)

Wenn man die *Tänze des Universellen Friedens* in der Sozialen Arbeit nutzt, ist es immer wichtig, sich darüber bewusst zu sein, was sie auslösen können. Wenn man innerhalb einer Einrichtung arbeitet, ist es immer sinnvoll (insofern die Möglichkeit besteht) von anderen Mitarbeiter_innen unterstützt zu werden. Im besten Fall gibt es auch Psycholog_innen, sodass Klient_innen gegebenenfalls psychisch aufgefangen werden können. Dies gilt im Allgemeinen, besonders aber, wenn man mit traumatisierten Menschen arbeitet.

5.3.3 Möglichkeiten in Bezug auf Trauma

Wie beschrieben, ist Sicherheit für traumatisierte Menschen sehr wichtig. Diese kann durch Rhythmus und sich wiederholende Motive hergestellt werden. Da ein Hauptmerkmal der *Tänze des Universellen Friedens* darin besteht, eine Melodie und die Bewegung dazu sehr oft zu wiederholen, sind wichtige Kriterien erfüllt und bieten sich die *Tänze* gut an, um mit traumatisierten Menschen zu arbeiten.

Traumatisierung bedeutet unter anderem, dass die Menschen nicht mehr in ihrem Körper präsent sind, also diesen nicht mehr richtig wahrnehmen. Gita beschreibt aus ihrer Erfahrung in Bosnien, wie sie die Menschen durch einfache rhythmische *Tänze*, bei denen die Konzentration in den Füßen ist, durch den Erd-Gang und mit anderen einfachen Körperübungen, wieder besser in ihr Körpergefühl bringen konnte. (Onnen, 2014, S.7)

Es sollte darauf geachtet werden, dass vor allem zu Beginn kurze und einfache Melodien mit einfachen Bewegungen verwendet werden.

Michaela Huber beschreibt es aus ihrer Arbeit mit traumatisierten Menschen so, wenn traumatisierte Menschen *„zum ersten Mal entdecken, wie äußere Sicherheit sich anfühlen, wie Lebensfreude schmecken kann. Sie dabei zu begleiten, sich zu der Persönlichkeit zu entwickeln, die erst einmal gewaltsam blockiert oder zersplittert wurde, und die dann gereift und mit der Fähigkeit, nach innen beschützend und nach außen wahrhaft zu sein, ihr eigenes Potential entfalten kann – das ist eine große Freude. So herausfordernd und oft anstrengend diese Arbeit ist, sie verändert beide Beteiligten, und* *wenn es gelingt, bereichert sie und ist jeder Mühe wert".* (Huber, 2012, S.18)

Die Autorin ist der Überzeugung und hat erlebt, dass diese Gefühle von Sicherheit und Lebensfreude durch die *Tänze des Universellen Friedens* vermittelt werden können, was belegt, welches Potential die *Tänze* bei der Arbeit mit traumatisierten Menschen bergen. Schon durch die Kreisform, bei der sich die Tanzenden an den Händen halten, kann Sicherheit entstehen, *„Sicherheit, nicht allein zu sein, (…) Sicherheit, auch über den Bewegungsfluss der anderen in Bewegung zu kommen".* (Mayer, 2004, S.216)

Maria Müller Schweizer, die jahrelang mit traumatisierten Frauen in Bosnien und Kroatien gearbeitet und dabei auch die *Tänze des Universellen Friedens* eingesetzt hat, antwortet auf die Interviewfrage „Kann man die *Tänze* (deiner Meinung nach) zur Arbeit mit traumatisierten Menschen nutzen? Wenn, wie?" wie folgt:

> *„Ja, das haben wir gemacht. (…) Es braucht aber einiges Fachwissen, damit die Menschen nicht überflutet werden, wenn sie aus dem eingefrorenen Zustand heraus kommen. (…) Bei einem zu schnellen Vorgehen wird das Nervensystem erneut überflutet und es wird nochmals schwieriger, aus dem eingefrorenen, dissoziierten Zustand wieder herauszufinden. Deshalb ist es wichtig sehr, sehr dosiert vorzugehen.*
>
> *Es braucht die Anbindung an Ressourcen und ein Berühren des Traumas, sozusagen ein leichtes Antippen, dann wieder Ressourcen, um eine*

*leichte Entladung des Nervensystems zu gewähr-
leisten, die dem Organismus neue Informationen
zur Verfügung stellt, ohne ihn zu Überwältigen.*

*Das ist mit den Tänzen sehr gut möglich, wenn
Menschen darauf ansprechen. (...)*

*Bei den Tänzen kommt es, wie beim EMDR[69],
zu einer abwechselnden Stimulierung der bei-
den Gehirnhälften. Einfache Tänze basieren auf
links, rechts, links, rechts mit den Füssen. Da-
durch können Verbindungen im Gehirn wieder
hergestellt werden, die im Schockerlebnis frag-
mentiert wurden. Plötzlich beginnen sich, rechte
und linke Gehirnhälfte wieder zu vernetzten und
wichtige Details werden erinnert". [sic.] (Müller
Schweizer, 2014, S.2f.)*

Neben dieser Schilderung über die Arbeit in Bosnien berichtet Mül-
ler Schweizer auch, dass sie selbst an einer Posttraumatischen Be-
lastungsstörung litt. Durch die Teilnahme an Workshops, bei denen
die *Tänze des Universellen Friedens* getanzt wurden, haben ihre
Symptome deutlich abgenommen. Im Laufe der Zeit kam es dann
zu einer vollständigen PTBS-Auflösung. (Müller Schweizer, 2014, S.2
u. 4)

---

69 „EMDR steht für Eye Movement Desensitization and REprocessing, was auf deutsch
Desensibilierung und Verarbeitung durch Augenbewegung bedeutet. Dr. Francine Shapiro
(USA) entwickelte diese Psychotherapieform zur Behandlung von Traumafolgestörungen
Ende der 80er Jahre des letzten Jahrhundert." (http://www.emdria.de/emdr/was-ist-
emdr/)

In der Beschreibung von Maria Müller Schweizer klingt bereits an, dass es von Vorteil ist, theoretisches Wissen über oder praktische Erfahrung im Umgang mit traumatisierten Menschen zu haben, wenn man mit Betroffenen arbeitet. Hierbei können die Meinungen allerdings auch auseinander gehen. Maria Müller Schweizer sagt klar, dass es hilfreich und eigentlich notwendig ist, einen gewissen Background zu haben. (Müller Schweizer, 2014, S.5) Gita hingegen ist der Meinung, es sei wichtig, erst einmal in die Erfahrung zu gehen und wenn man feststellt, es wäre gut, noch mehr Wissen zu haben, sich dann diesbezüglich weiterzubilden. Allerdings hält sie es trotzdem für positiv, wenn man Vorwissen hat. (Onnen, 2014, S.8f.)

Generell ist es bei der Arbeit mit den *Tänzen*, und speziell wenn mit traumatisierten Menschen gearbeitet wird, wichtig, die Menschen selbst spüren und entscheiden zu lassen, was gut für sie ist. Dies bedeutet, dass alles als ein Angebot zu verstehen ist, ein Angebot, sich schwierigen Gefühlen zu stellen und durch sie hindurch zu gehen. Menschen sollten niemals zu etwas überredet oder gezwungen werden. (Müller Schweizer, 2014, S.5)

Wie schon erwähnt, kann durch die *Tänze* Freude erlebbar gemacht werden. Dies ist ein entscheidender Bestandteil, wenn es um die Arbeit mit traumatisierten Menschen geht. Denn, wie Peter Levine sagt, ist es neurologisch nicht möglich, gleichzeitig Freude und Angst bzw. Horror zu empfinden, da die Systeme zur Empfindung von Freude und Horror reziprok arbeiten. Dem schrecklichem Erlebnis eine positive Erfahrung gegenüberzustellen, ist ein Weg, und für Levine einer der Hauptgründe, warum überhaupt die Heilung von Trauma möglich ist. (Auditorium, 2013, 2.Teil, 56:38)

Allgemein kann festgehalten werden, dass es immer auf die anleitende Person und deren Einstimmung ankommt, ob *die Tänze des Universellen Friedens* als Werkzeug in der Arbeit mit traumatisierten Menschen eingesetzt werden können oder nicht. (Alima, 2014, S.3f.) Ganz gleich ob die entsprechende Person theoretisches Hintergrundwissen über Traumatisierung hat oder nicht, sie muss ein Feingefühl dafür haben, welche *Tänze* sie auswählt, in welcher Form sie sie einsetzt und mit welchen Übungen sie sie evtl. kombiniert. Dabei ist es vor allem wichtig, tief mit sich selbst verankert zu sein, um dafür zu sorgen, sich nicht ins Trauma mit hineinziehen zu lassen. Die *Tänze* können diesbezüglich eine enorme persönliche Ressource sein, sie können Mitgefühl und Einfühlungsvermögen lehren, was besonders im Umgang mit traumatisierten Menschen sehr nützlich ist. (Alima, 2014, S.3f.)

Am allerwichtigsten, wenn man die *Tänze des Universellen Friedens* als Methode anwenden möchte, und da stimmt die Autorin Gita Sophia Onnen voll und ganz zu, ist eine Liebe zu den *Tänzen*. Die anleitende Person muss im Herzen berührt sein von den *Tänzen* und einen inneren Wunsch verspüren, anderen Menschen vergleichbare Erfahrungen zu ermöglichen. (Onnen, 2014, S.13)

6 Fazit

Ziel der Bachelorarbeit war es, darzulegen, inwiefern sich die *Tänze des Universellen Friedens* eigenen, um in der Sozialen Arbeit eingesetzt zu werden. Nach einer intensiven Auseinandersetzung mit den Prozessen, die beim Tanzen und Singen hervorgerufen werden, kann die Autorin mit großer Überzeugung sagen, dass die *Tänze* ein sehr hohes Potential in sich bergen, um in der Sozialen Arbeit genutzt zu werden. Dies schließt die Arbeit mit jeder Zielgruppe ein.

Der Autorin ist es gelungen, ihr eigenes Erleben und die positiven Wirkungen, die die *Tänze* auf den Menschen haben können, zu hinterfragen und zu begründen. Dies gelang ihr u.a. auch durch Experteninterviews, die ihr völlig neue Aspekte aufgezeigt haben.

Um die *Tänze des Universellen Friedens* für die Soziale Arbeit nutzbar zu machen, ist allerdings viel eigene Erfahrung und eine tiefe Verbundenheit mit den *Tänzen* notwendig. Auch sind der Kontext und die Zielsetzung sehr entscheidend dafür, inwiefern eine Anwendung der *Tänze* sinnvoll und zielführend ist. Hier braucht es ein hohes Maß an Wissen und Erfahrung über die *Tänze* und ein Feingefühl für deren Energien und die tanzenden Mitmenschen.

Im therapeutischen Kontext, hier auch in Bezug auf die Arbeit mit traumatisierten Menschen, eignen sich die *Tänze des Universellen Friedens* vor allem als Begleitmaßnahme. **Die Autorin ist der Meinung, dass die Anwendung der *Tänze* anstelle einer notwendigen Therapie nicht möglich und auch nicht ratsam ist.** Trotzdem können die *Tänze* zusätzlich bzw. in Kombination mit einer Therapie genutzt werden, um die Heilungsprozesse zu unterstützen und um tiefliegende Emotionen erlebbar zu machen. Die *Tänze* ermöglichen ein tiefes In-Kontakt kommen mit dem eigenen Selbst und mit dem eigenen Körper. Dies ist, nach Meinung der Autorin, immer förderlich für jeden Menschen, in jedem Moment seines Lebens.

Für Samuel L. Lewis war der spirituelle Aspekt der *Tänze* von entscheidender Bedeutung. Inwiefern dieser Teil der *Tänze* sich auf den Menschen auswirkt, wurde in der vorliegenden Arbeit nicht mit untersucht, dies hätte den Rahmen gesprengt. Allerdings wäre es sehr interessant, die Fragestellung unter diesem Gesichtspunkt weiter zu erläutern. Eine mögliche Fragestellung könnte heißen: Inwiefern sorgt die Spiritualität der *Tänze* für Heilung bzw. Wohlbefinden?

Zum Schluss soll noch einmal Saadi zitiert werden, der die Zukunft der *Tänze*, auch im Sozialen Kontext, sehr positiv beschreibt:

> *„Die Tänze wurden der Welt auch gegeben, um „auf immer frei getanzt" zu werden. Inzwischen spielen sie auf vielen Veranstaltungen, die dem Frieden gewidmet sind, eine große Rolle. Mehr und mehr Menschen sind es, die durch diese Tänze zusammenfinden. Von vielen TherapeutInnen und ErzieherInnen werden die Tänze auch wegen ihrer transformatorischen Kraft geschätzt und in vielen Einrichtungen integriert, in denen das Bedürfnis nach Selbsterfahrung und Verlernen von alten Gewohnheiten geschätzt wird. In diesem Rahmen reichen die Tänze weit über sektiererische Formen hinaus, was in vieler Hinsicht der Erfüllung von Murshid's Vision entspricht".* (Douglas-Klotz, 1995, S.10)

Literaturverzeichnis

Adamek K. (2008): Meridiansingen als Konzept zur Stärkung der Selbstheilungskräfte im kreativen Spannungsfeld von Wissenschaft und Kunst. In: Bossinger W. & Eckle R. (Hrsg.; 2008): Schwingung und Gesundheit. Battweiler: Traumzeit – Verlag, S.177-191

Alima (2014): Unveröffentlichtes Experteninterview geführt durch Jana Hornung am 15.11.2014 in Holzhausen.

American Psychiatric Accociation: About DSM-5. http://www.dsm5.org/about/Pages/Default.aspx (Stand: 27.07.2015)

Amica Schweiz (2011): Amica Schweiz. http://www.amica-schweiz.ch/ (Stand: 27.07.2015)

Auditorium (2013): Peter A. Levine. Die Biologie der Dissoziation (DVD). Müllheim: Autditorium.

Auf der Maur C. (2014): Unveröffentlichtes Experteninterview geführt durch Jana Hornung am 16.02.2014 in Bern.

Baćić A. & Ibrahimović E. (2014): Unveröffentlichtes Experteninterview geführt durch Jana Hornung am 05.03.2014 in Tuzla.

Bausum J., Besser. L., Kühn M. & Weiß W. (Hrsg.; 2009): Traumapädagogik. Grundlagen, Arbeitsfelder und Methoden für die pädagogische Praxis. Weinheim und München: Juventa Verlag

Beaulieu J. (2010): Heilen mit Musik und Klang. 2. Auflage. Aarau und München: AT Verlag

Besser L. U. (2009): Wenn die Vergangenheit Gegenwart und Zukunft bestimmt. In: Bausum J., Besser. L., Kühn M. & Weiß W. (Hrsg.): Traumapädagogik. Grundlagen, Arbeitsfelder und Methoden für die pädagogische Praxis. Weinheim und München: Juventa Verlag, S.37-52

Bossinger W. (2008): Singen als Lebenselexier: Die heilsamen und sozialen Dimension von Gesang. In: Bossinger W. & Eckle R. (Hrsg.): Schwingung und Gesundheit. Battweiler: Traumzeit – Verlag, S.163-173

Bossinger W. (2008a) In: Finke I. (Hrsg.): Schwingung und Gesundheit (DVD). Battweiler: Traumzeit – Verlag

Bossinger W. & Eckle R. (Hrsg.; 2008): Schwingung und Gesundheit. Battweiler: Traumzeit – Verlag

Dances of Universal Peace International: Überblick über die Tanzorganisation, http://www.dancesofuniversalpeace.org/ge/du-proles.shtm (Stand: 27.07.2015)

Dances of Universal Peace International: Murshid Samuel Lewis 1896-1971. http://www.dancesofuniversalpeace.org/ge/about-sam.shtm (Stand: 27.07.2015)

Dances of Universal Peace International: Ruth St. Denis (1978-1968). http://www.dancesofuniversalpeace.org/ge/abou-tancestors.shtm (Stand: 27.07.2015)

Dances of Universal Peace International (2004): Tänze des Universellen Friedens und Gehkonzentrationen. Richtlinien für Tanzleiterinnen und Tanzleiter. Unveröffentlichtes Material. Erhältlich im NdL Sekretariat: Ruckhardtshausen 1, 74613 Öhringen. Tel.: 07948-9419986; info@friedenstaenze.de

DIMDI – Deutsches Institut für Medizinische Dokumentation und Information: F43 Reaktionen auf schwere Belastungen und Anpassungsstörungen. http://www.dimdi.de/static/de/klassi/icd-10-gm/kodesuche/onlinefassungen/htmlgm2015/block-f40-f48.htm (Stand: 27.07.2015)

DIMDI – Deutsches Institut für Medizinische Dokumentation und Information: F43.2 Anpassungsstörungen. http://www.dimdi.de/static/de/klassi/icd-10-gm/kodesuche/onlinefassungen/htmlgm2015/block-f40-f48.htm (Stand: 27.07.2015)

Douglas-Klotz N. (1995): Vorwort des Herausgebers. In: Demcho-Wagor Z. & Douglas-Kotz N. (Hrsg.): Spirituelles Tanzen und Gehen. Eine Einführung in die Tänze des Universellen Friedens und Gehmeditationen von Samuel L. Lewis. S.8-10. Unveröffentlichtes Material. Erhältlich im NdL-Sekretariat: Ruckhardtshausen 1, 74613 Öhringen. Tel.: 07948-9419986; info@friedenstaenze.de

Douglas-Klotz N. (1995a): Kurzer geschichtlicher Abriß der Tänze. In: Demcho-Wagor Z. & Douglas-Kotz N. (Hrsg.): Spirituelles Tanzen und Gehen. Eine Einführung in die Tänze des Universellen Friedens und Gehmeditationen von Samuel L. Lewis. S.12-16. Unveröffentlichtes Material. Erhältlich im NdL-Sekretariat: Ruckhardtshausen 1, 74613 Öhringen. Tel.: 07948-9419986; info@friedenstaenze.de

Douglas-Klotz N. (1998): Die Rückkehr zur Familie. In: : NdL-Publications (Hrsg.): Samuel L. Lewis. Leben und Werk. S. 53. Unveröffentlichtes Material des NdL – Netzwerk deutschsprachiger Länder der Tänze des Universellen Friedens. Erhältlich im NdL-Sekretariat: Ruckhardtshausen 1, 74613 Öhringen. Tel.: 07948-9419986; info@friedenstaenze.de

Douglas-Klotz N. (1999): The Dances of Universal Peace. In: Mureeds' Manual of the Sufi Islamia Ruhaniat Society. Unveröffentlichtes Material.

Douglas-Klotz N. (2007): Weisheit der Sufis. München: Kösel-Verlag

Douglas-Klotz N. (2013): Sufi Vision and Initiation. San Francisco. Sufi Ruhaniat International (Eigenverlag).

Drews A. (2013): Heilung ertanzen. http://www.oya-online.de/article/read/1005.html?highlight=heilung%20ertanzen (Stand: 27.07.2015)

Duden: interkulturell. http://www.duden.de/rechtschreibung/interkulturell (Stand: 27.07.2015)

Duden: Resilienz. http://www.duden.de/rechtschreibung/Resilienz (Stand: 27.07.2015)

Duden: Trauma. http://www.duden.de/rechtschreibung/Trauma (Stand: 27.07.2015)

Duden: universell. http://www.duden.de/rechtschreibung/universell (Stand: 27.07.2015)

Dziubany R. (1995): Vorwort zur deutschen Ausgabe. In: Demcho-Wagor Z. & Douglas-Klotz N. (Hrsg.): Spirituelles Tanzen und Gehen. Eine Einführung in die Tänze des Universellen Friedens und Gehmeditationen von Samuel L. Lewis. S. 7. Unveröffentlichtes Material. Erhältlich im NdL-Sekretariat: Ruckhardtshausen 1, 74613 Öhringen. Tel.: 07948-9419986; info@friedenstaenze.de

Dziubany R. (2014): Unveröffentlichtes Experteninterview geführt durch Jana Hornung am 05.08.2014 in Schafhausen.

Falkai P. & Wittchen H.-U. (Hrsg.; 2015): Diagnostisches und Statistisches Manual Psychischer Störungen DSM-5. Göttingen, Bern u.a., Hogrefe Verlag GmbH & Co. KG

Fooken I. & Zinnecker J. (Hrsg.; 2007): Trauma und Resilienz. Weinheim und München: Juventa Verlag

Gurdić A. (2014): Unveröffentlichtes Experteninterview geführt durch Jana Hornung am 05.03.2014 in Tuzla.

Halprin A. (2000): Tanz, Ausdruck und Heilung. Essen. Synthesis-Verlag.

Hermle L. & Bossinger W. (2008): Schwingung und veränderte Wachbewusstseinszustände. In: Bossinger W. & Eckle R. (Hrsg.): Schwingung und Gesundheit. Battweiler: Traumzeit – Verlag, S.121-129

Hill B. (2004): Musik. In: Jäger J. & Kuckhermann R. (Hrsg.): Ästhetische Praxis in der Sozialen Arbeit. S.121-156. Weinheim und München: Juventa

Hipp M. (2014): Trauma, Traumafolgestörungen und ihr Einfluss auf die Erziehungskompetenz. In: Krist M., Wolcke A., Weisbrod C. & Ellermann-Boffo K. (Hrsg.): Herausforderung Trauma. Weinheim um Basel: Beltz Juventa Verlag, S.14-39

Huber M. (2012): Trauma und die Folgen. Trauma und Traumabehandlung. Teil 1. 5. Auflage. Paderborn: Junfermann Verlag

Hüther G. (2008): Über die Kunst, sein Gehirn in salutogenetische Schwingung zu versetzen. In: Bossinger W. & Eckle R. (Hrsg.): Schwingung und Gesundheit. Battweiler: Traumzeit – Verlag, S.107-118

Hujdur T. (2014): Unveröffentlichtes Experteninterview geführt durch Jana Hornung am 07.03.2014 in Tuzla.

Jablonski M. (1995): Die Tänze in ihren Anfängen. In: Demcho-Wagor Z. & Douglas-Kotz N. (Hrsg.): Spirituelles Tanzen und Gehen. Eine Einführung in die Tänze des Universellen Friedens und Gehmeditationen von Samuel L. Lewis. S.17-20. Unveröffentlichtes Material. Erhältlich im NdL-Sekretariat: Ruckhardtshausen 1, 74613 Öhringen. Tel.: 07948-9419986; info@friedenstaenze.de

Kapteina H. & Zhang C.-L. (2008): Ordnung, Chaos und Kohärenz – Forschung über Biophysik und Musiktherapie. In: Bossinger W. & Eckle R. (Hrsg.; 2008): Schwingung und Gesundheit. Battweiler: Traumzeit – Verlag, S.133-144

Kirsch A., Michael T. & Lass-Hennemann (2011): Trauma und Gedächtnis. In: Seidler G. H., Freyberger H. J. & Maercker A. (Hrsg.): Handbuch der Psychotraumatologie. Stuttgart: Klett-Cotta, S. 15-21

Kosellek R. & I. u.a. (1993): Tanz als ganzheitliches Therapieangebot. München: Pflaum.

Kraus W. (2002): Die Heilkraft der Musik. 2. Auflage. München: Verlag C. H. Beck

Krist M., Wolcke A., Weisbrod C. & Ellermann-Boffo (Hrsg.; 2014): Herausforderung Trauma. Weinheim und Basel: Beltz Juventa

Krüger A. (2014): Kinder, Jugendliche und ihre Eltern nach seelischer Extrembelastung. In: Krist M., Wolcke A., Weisbrod C. & Ellermann-Boffo K. (Hrsg.): Herausforderung Trauma. Weinheim um Basel: Beltz Juventa Verlag, S.40-56
Originalquelle:
aus: Andreas Krüger, Erste Hilfe für traumatisierte Kinder. Mit einem Vorwort von Luise Reddemann © Patmos Verlag der Schwabenverlag AG, Ostfildern, 6. Auflage 2016

Kühnel R. (2004): Rhythmik. In: Hartogh T. & Wickel H. H. (Hrsg.): Handbuch Musik in der Sozialen Arbeit. Weinheim und München: Juventa S.151-173

Kühnel R. (2014) Zusammenstellung aus Texten von Konrad R., Ribke J. & Vogel-Stenemann B.: Zieldimensionen der Musik- und Bewegungserziehung. Unveröffentlichtes Unterrichtsmaterial. Sommersemester 2014.

Kühner A. (2008): Trauma und kollektives Gedächtnis. Gießen: Psychosozial-Verlag

Kugler M. (2000): Die Methode Jaques-Dalcroze und das Orff-Schulwerk. Frankfurt am Main: Peter Lang

Levine P. A. & Kline M. (2008): Verwundete Kinderseelen heile. München: Kösel-Verlag

Lewis S. L. (o.J.): Das Buch vom Frieden. (Hrsg. 2010 von Henkes S. W. & Papa J. M.) Unveröffentlichtes Material. Erhältlich im NdL-Sekretariat: Ruckhardtshausen 1, 74613 Öhringen. Tel.: 07948-9419986; info@friedenstaenze.de

Lewis S. L. (1995): Aus Lehrreden und Tagebüchern: Schritte zum Frieden durch Spirituelles Tanzen und Gehen. In: Demcho-Wagor Z. & Douglas-Kotz N. (Hrsg.): Spirituelles Tanzen und Gehen. Eine Einführung in die Tänze des Universellen Friedens und Gehmeditationen von Samuel L. Lewis. S.23-27. Unveröffentlichtes Material. Erhältlich im NdL-Sekretariat: Ruckhardtshausen 1, 74613 Öhringen. Tel.: 07948-9419986; info@friedenstaenze.de

Lewis S. L. (1995a): Briefe an den Anandashram. „Die Tänze stömen durch Sam…". In: Demcho-Wagor Z. & Douglas-Kotz N. (Hrsg.): Spirituelles Tanzen und Gehen. Eine Einführung in die Tänze des Universellen Friedens und Gehmeditationen von Samuel L. Lewis. S.21-22. Unveröffentlichtes Material. Erhältlich im NdL-Sekretariat: Ruckhardtshausen 1, 74613 Öhringen. Tel.: 07948-9419986; info@friedenstaenze.de

Lewis S. L. (1998): Die Tänze des Universellen Friedens – Auszüge aus den Tagebüchern. In: : NdL-Publications (Hrsg.): Samuel L. Lewis. Leben und Werk. S. 55-58. Unveröffentlichtes Material des NdL – Netzwerk deutschsprachiger Länder der Tänze des Universellen Friedens. Erhältlich im NdL-Sekretariat: Ruckhardtshausen 1, 74613 Öhringen. Tel.: 07948-9419986; info@friedenstaenze.de

Lewis S. L. (2013): Excerpts from Letters-Diaries: India, Pakistan, 1956. In: Douglas-Klotz (Hrsg.): Sufi Vision Initiation. San Francisco. Sufi Ruhaniat International (Eigenverlag). S.163-172

Lewis S. L. (2013a): Excerpts from Letters-Diaries: 1963-68. In: Douglas-Klotz (Hrsg.): Sufi Vision Initiation. San Francisco. Sufi Ruhaniat International (Eigenverlag). S.313-325

Lewis S. L. (2013b): Excerpts from Letter-Diaries: East Pakistan, 1956. In: Douglas-Klotz (Hrsg.): Sufi Vision Initiation. San Francisco. Sufi Ruhaniat International (Eigenverlag). S. 139-143

Mayer B. (2004): Tanz. In: Jäger J. & Kuckhermann R. (Hrsg.): Ästhetische Praxis in der Sozialen Arbeit. Weinheim und München: Juventa

Meyer W. A. (1998): Über Murshid Sam. In: NdL-Publications (Hrsg.): Samuel L. Lewis. Leben und Werk. S. 12. Unveröffentlichtes Material des NdL – Netzwerk deutschsprachiger Länder der Tänze des Universellen Friedens. Erhältlich im NdL-Sekretariat: Ruckhardtshausen 1, 74613 Öhringen. Tel.: 07948-9419986; info@friedenstaenze.de

Meyer W. A. (1998a): aus dem Vorwort zur Jerusalem Trilogy. In: NdL-Publications (Hrsg.): Samuel L. Lewis. Leben und Werk. S. 86-87. Unveröffentlichtes Material des NdL – Netzwerk deutschsprachiger Länder der Tänze des Universellen Friedens. Erhältlich im NdL-Sekretariat: Ruckhardtshausen 1, 74613 Öhringen. Tel.: 07948-9419986; info@friedenstaenze.de

Meyer W. A. (1999): Sufi Ahmed Murad Chisti. In: Mureeds' Manual of the Sufi Islamia Ruhaniat Society. S. 9-12. Unveröffentlichtes Material.

Meyer W. A. (2013): Einleitung, 2008. In: Saul Barodofsky (Hrsg.): Im Garten mit Murshid Sam. Eine Sammlung von Geschichten, biografischen Elementen und Schriften. S. 11-14 Norderstedt: BoD – Books on Demand

Miller J. (1998): „WIRKLICH". In: NdL-Publications (Hrsg.): Samuel L. Lewis. Leben und Werk. S. 10-11. Unveröffentlichtes Material des NdL – Netzwerk deutschsprachiger Länder der Tänze des Universellen Friedens. Erhältlich im NdL-Sekretariat: Ruckhardtshausen 1, 74613 Öhringen. Tel.: 07948-9419986; info@friedenstaenze.de

Moser M., Frühwirth M. & Lackner H. (2008): Wie das Leben klingt – Der musikalische Aspekt des menschlichen Organismus. In: Bossinger W. & Eckle R. (Hrsg.): Schwingung und Gesundheit. Battweiler: Traumzeit – Verlag, S.63-79

Müller Schweizer M. (2014): Unveröffentlichtes Experteninterview, Fragebogen ausgefüllt am 30.07.2014.

NdL e.V. (o.J.): Flyer Tänze des Universellen Friedens

NdL e.V.: Das Camp. http://tanzcamp.de/ > Über das Camp (Stand: 27.07.2015)

NdL e.V.: Das MIR-Projekt. http://www.taenzedesuniversellenfriedens.de/mir_projekt.html (Stand: 27.07.2015)

NdL e.V.: Das Netzwerk der Tänze. http://www.taenzedesuniversellenfriedens.de/netzwerk_index.html (Stand: 27.07.2015)

NdL e.V.: Friedensarbeit in Bosnien. http://www.taenzedesuniversellenfriedens.de/download/flyer_bosnien.pdf (Stand: 27.07.2015)

NdL e.V. (2004): Die Gehmeditationen von Samuel L. Lewis. In: NdL e.V.: Manual der grundlegenden Tänze und Gänge. Unveröffentlichtes Material des NdL – Netzwerk deutschsprachiger Länder der Tänze des Universellen Friedens. S. Gänge. Erhältlich im NdL-Sekretariat: Ruckhardtshausen 1, 74613 Öhringen. Tel.: 07948-9419986; info@friedenstaenze.de

NdL-Publications (1998): Samuel L. Lewis. Leben und Werk. Unveröffentlichtes Material des NdL – Netzwerk deutschsprachiger Länder der Tänze des Universellen Friedens. Erhältlich im NdL-Sekretariat: Ruckhardtshausen 1, 74613 Öhringen. Tel.: 07948-9419986; info@friedenstaenze.de

Onnen G. S. (2014): Unveröffentlichtes Experteninterview geführt durch Jana Hornung am 04.07.2014 in Schnega.

Samuels M. (1997): Kunst als heilende Kraft. In: Halprin A. (2000): Tanz, Ausdruck und Heilung. Essen. Synthesis-Verlag. S. 172-178

Schäfer G. (1992): Rhythmik als interaktionspädagogisches Konzept. Solingen: Waldkauz-Verlag

Scherwath C. & Friedrich S. (2014): Soziale und pädagogische Arbeit mit Traumatisierung. 2. Auflage. München: Ernst Reinhardt Verlag

Seidler G. H., Freyberger H. J. & Maercker A. (Hrsg.; 2011): Handbuch der Psychotraumatologie. Stuttgart: Klett-Cotta

Seidler J. C. (2011): Spiritualität und traumatherapeutische Ansätze. In: Seidler G. H., Freyberger H. J. & Maercker A. (Hrsg.): Handbuch der Psychotraumatologie. Stuttgart: Klett-Cotta, S.634-643

Siegenthaler H. (1995): Anthropologische Grundlage der Rhythmischen Erziehung in der Heilpädagogik. S. 10-28 In: Bundesverband Rhythmische Erziehung (Hrsg.): Rhythmik mit behinderten Menschen – Ein Modell. Remscheid: Topprint Remscheid

Sieglin R. (2014): Unveröffentlichtes Experteninterview geführt durch Jana Hornung am 04.03.2014 in Tuzla.

SKI Sekretariat (1978): Autobiographical Notes by Murshid Samuel L. Lewis. http://murshidsam.org/documents/papers/level1/autobiographical_notes.pdf (Stand: 27.07.2015)

Sufi Ruhaniat Europe: About our Lineage. http://www.sufiruhaniat.eu/aboutus.html, (Stand: 23.04.2015)

Sufi Ruhaniat International (2013): Im Garten mit Murshid Sam. Eine Sammlung von Geschichten, biografischen Elementen und Schriften. Norderstedt: BoD – Books on Demand

Sufi Ruhaniat International: Murshid Abraham Sussman. http://ruhaniat.org/index.php/organization/murshids-circle/5-murshid-abraham-sussman, (Stand: 23.04.2015)

Sufi Ruhaniat International: Murshid Wali Ali Meyer. http://www.ruhaniat.org/index.php/explore/leaders/2012-06-15-13-40-56/11-murshid-walil-ali-meyer (Stand: 27.07.2015)

Verlag Heilbronn: Hazrat Inayat Kahn. http://www.verlag-heilbronn.de/autorinnen/hazrat-inayat-khan/ (Stand: 27.07.2015)

Verres R. (2008): Resonanz und Gesundheit. Resonanz in der Heilkunde – Ein Gespräch mit Prof. Dr. Rolf Verres. In: Bossinger W. & Eckle R. (Hrsg.): Schwingung und Gesundheit. Battweiler: Traumzelt – Verlag, S.21-31

Von Hagen C. & Röper G. (2007): Resilienz und Ressourcenorientierung – Eine Bestandsaufnahme. In: Fooken I. & Zinnecker J. (Hrsg.): Trauma und Resilienz. Weinheim und München: Juventa Verlag, S.15-28

von Laban R. (2014): Der erzieherische und therapeutische Wert des Tanzes. In: Willke E., Hölter G. & Petzold H. G. (Hrsg.): Tanztherapie – Theorie und Praxis. Wiesbaden: Reichert Verlag, S. 65-76
Levine P. A. & Kline M. (2008): Verwundete Kinderseelen heile. München: Kösel-Verlag

Weiß W. (2009): Wer macht die Jana wieder ganz? In: Bausum J., Besser. L., Kühn M. & Weiß W. (Hrsg.): Traumapädagogik. Grundlagen, Arbeitsfelder und Methoden für die pädagogische Praxis. Weinheim und München: Juventa Verlag, S.13-22

WHO: International Classification of Diseases (ICD). http://www.who.int/classifications/icd/en/ (Stand: 27.07.2015)

Wigman M. (2014): Sprache des Tanzes. In: Willke E., Hölter G. & Petzold H. G. (Hrsg.): Tanztherapie – Theorie und Praxis. Wiesbaden: Reichert Verlag, S. 43-64

Willke E. (2014): Tanztherapie – Grundzüge der Entwicklung tanztherapeutischer Praxis und Theorie. In: Willke E., Hölter G. & Petzold H. G. (Hrsg.): Tanztherapie – Theorie und Praxis. Wiesbaden: Reichert Verlag, S.11-42

Wurzler M. & Stengler P.: Flow. Das Flow-Erleben. http://www.flow-usability.de/flowerleben.htm (Stand: 27.07.2015)

Abbildungs- und Tabellenverzeichnis

Abbildungsverzeichnis

Abb. 1: Geschütztes Logo der Tänze des Universellen Friedens, ein Kreis aus ineinander verschlungenen Herzen. http://www.labsaal.de/Friedenstanz/image002.jpg (Stand: 27.07.2015)

Abb. 2: Samuel L. Lewis in jungen Jahren. http://www.dancesofuniversalpeace.org/images/murshidsamyoung.jpg (Stand: 27.07.2015)

Abb. 3: Samuel L. Lewis in späteren Jahren, Tanzleiter und Lehrer verschiedener Traditionen. http://www.marinsufis.com/images/murshid.jpg (Stand: 27.07.2015)

Abb. 4: SAM kreiert die Tänze des Universellen Friedens und teilt sie mit jungen Menschen. http://www.google.de/imgres?imgurl=https%3A%2F%2Fbarryraphael.files.wordpress.com%2F2011%2F10%2Fsam-lewis_white.jpg&imgrefurl=https%3A%2F%2Fbarryraphael.wordpress.com%2Ftag%2Fsufi-sam%2F&h=460&w=254&tbnid=BscY0Cvc6WLdqM%3A&zoom=1&docid=smIVIbsO7fvwtM&itg=1&ei=K3ijVdSACu-y7Qb-r474AQ&tbm=isch&iact=rc&uact=3&dur=695&page=1&start=0&ndsp=59&ved=0CEgQrQMwDQ (Stand: 27.07.2015)

Abb. 5: SAM tanzend mit Schüler_innen. http://www.dancesofuniversalpeace.org/images/murshidsam.jpg (Stand: 27.07.2015)

Abb. 6: SAM tief verbunden mit der göttlichen Weisheit. http://www.whidbeydup.com/sitebuildercontent/sitebuilderpictures/1_sam_lewis_cropped.jpg (Stand: 27.07.2015)
Photo by Mansur Johnson © 2016 All Rights Reserved

<u>Tabellenverzeichnis</u>

Jana Hornung

Tanzleiterin der *Tänze des Univer-sellen Friedens*, in Mentorenschaft

Sozialpädagogin B.A.,
mit Schwerpunkt Musik und Tanz

ISG
Lehrerin für med. Shaolin Qi Gong©

Autorin

Die *Tänze des Universellen Frie-dens* sind, seit ich denken kann, Teil meines Lebens. Schon als Kind ge-hörte ich zu einer der Ersten, die in Deutschland mit den *Tänzen* in Be-

rührung kam.
Im Alter von 11 Jahren war ich das erste Mal auf dem deutschen Familien-Tanzcamp, wo ich erstmalig bewusst die *Tänze des Universellen Friedens* erleben durfte. Seit dem ist das Tanzcamp ein jährliches Ritual, wodurch ich die *Tänze* immer intensiver erlebe.

2011 ging ich nach Regensburg, um Musik- und bewegungsorientierte So-ziale Arbeit zu studieren. Durch die Erfahrung und das Lernen darüber, inwiefern Musik und Bewegung als Methode in der Sozialen Arbeit einge-setzt werden können, und aufgrund meiner Erfahrungen und meines Wis-sens über die *Tänze des Universellen Friedens,* wurde es für mich immer deutlicher, welches Potential die *Tänze* in sich tragen.

Seit 2016 arbeite ich als Sozialpädagogin. Bei meiner Arbeit habe ich immer wieder die Möglichkeit, die *Tänze* einzusetzen und Menschen in Schwingung zu bringen. Menschen singend und in Bewegung strahlen zu sehen, zu erleben, wie das Innere berührt wird und das innere Kind erwacht, macht mir sehr viel Freude und erfüllt mich mit Glück.

Community Organizing

Community Organizing (CO) wurde Ende der 1930er Jahre wesentlich von Saul D. Alinsky in von Armut besonders betroffenen Stadtteilen Chicagos entwickelt. Dort lebten vorwiegend Menschen, deren Interessen von der Politik, sei es auf lokaler oder auch auf überregionaler Ebene, kaum wahrgenommen, geschweige denn vertreten wurden. Ihnen eine Stimme und damit gleichsam ein politisches Gewicht zu geben, war das zentrale Anliegen Alinskys. Seiner Meinung nach setzte dies zwingend den Aufbau von finanziell sowie politisch unabhängigen, handlungsmächtigen Selbstorganisationen der Stadtteilbewohner*innen (Community Organizations) voraus.

Beeinflusst von der mächtigen US-amerikanischen Gewerkschaftsbewegung, insbesondere von John L. Lewis, dem Präsidenten der United Mine Workers of America (UMWA), entwickelte Alinsky sein Konzept des „Organisierens von Organisationen", allerdings nicht in den Betrieben, sondern auf der Ebene des Stadtteils und der Nachbarschaften. Die dortige Bevölkerung, oftmals Tagelöhner*innen sowie anderweitig prekär Beschäftigte, war nämlich in der Regel nicht gewerkschaftlich organisiert. Shel Trapp und seine Mitstreiter*innen gingen ab den 1960er Jahren einen anderen Weg: das Organisieren mit dem Ansatz der Graswurzelbewegung - also nicht über bestehende Organisationen, sondern über die Individuen. Von solchen Beispielen berichtet dieses Buch.

Heute hat sich in den USA eine breite Vielfalt des Community Organizing entwickelt und vielfältige CO Netzwerke haben sich sowohl lokal und regional als auch landesweit etabliert. CO stellt damit in den USA einen ernstzunehmenden Machtfaktor im gesellschaftlichen Leben dar. Auch der frühere US-Präsident Barack Obama hat nach seinem Studium in den 1980er Jahren als Community Organizer in Chicago gearbeitet und in seinen Wahlkämpfen immer wieder auch auf Strategien aus dem Organizing zurückgegriffen. In Europa ist CO ebenfalls angekommen. Citizens UK in Großbritannien oder das insbesondere in Osteuropa agierende European Community Organizing Network (ECON) sind ebenso Beispiele hierfür wie das Deutsche Institut für Community Organizing (DICO), das Forum Community Organzing e.V. (FOCO) oder auch lokale CO-Projekte wie das Münchener Jane Addams Zentrum e.V. (jaz).